四部要籍選刊
蔣鵬翔 主編

# 阮刻禮記注疏

十四

（清）阮元 校刻

浙江大學出版社

# 本册目録（十四）

# 附釋音禮記注疏卷第五十八

三年問第三十八○陸曰鄭云名曰三年問者善其以知喪服年月所由也【疏】正義曰案鄭目錄云名曰三年問者善其問以知喪服年月所由此於別錄屬喪服

禮記　　鄭氏注　　孔穎達疏

三年之喪何也曰稱情而立文因以飾羣別親疏貴賤之節而弗可損益也故曰無易之道也稱情而立文稱人之情輕重而制其禮也羣謂親之黨也無易猶不易也○稱尺證反注及下皆同別彼列反易音亦注同

創鉅者其日久痛甚者其愈遲三年者稱情而立文所以爲至痛極也斬衰苴杖居倚廬食粥寢苫枕塊所以爲至痛飾也飾情之章表也

○創音瘡初良反鉅音巨大也愈徐音庾差也遲徐直移反倚於綺反枕塊之鴆反三年之喪二十五月而畢哀痛未盡思慕未忘然而服以是斷之者豈不送死有已復生有節也哉復生除喪反生者之事也○思如字一音息吏反斷丁亂反復音伏〔疏〕三年至也哉○正義曰此一節問喪三年所由解釋所以三年之意○三年之喪何也者記者欲釋三年之義故假設其問云三年喪者意有何義理謂稱人之情而立禮之節文○因以飾羣者飾謂章表也羣謂五服之親也因此三年之喪差降各表其親黨○別親疏貴賤之節而弗可損益也者親謂大功以上疏謂小功以下貴謂天子諸侯絕期卿大夫降期以下賤謂士庶人服族其節分明使不可損益也○故曰無易之道也者引舊語成文也無不也並有差品其道不可改易○創鉅者其日久者以釋重喪所以三年也其事既大故爲譬也鉅大也夫創小則易差創大則難愈故云創鉅其日久也痛甚者其愈遲者愈差也賢者喪親傷腎乾肝斬斫之痛其痛既甚故其差亦遲也○三年者稱情而立文所以爲至痛極也者既痛甚差遲故稱其痛情而立

三年之文以表是至痛極者也○哀痛未盡思慕未忘者言賢人君子於此二十五月之時悲哀摧痛猶未能盡憂思哀慕猶未能忘故心之哀慕於時未盡而外貌喪服以是斷割者豈不送死有已復生有節也哉者若不斷以二十五月則孝子送死之情何時得已復吉常之禮何有限節故聖人裁斷止限二十五月豈不是送死須有已止反復生禮須有限節也哉

凡生天地之間者有血氣之屬必有知有知之屬莫不知愛其類今是大鳥獸則失喪其羣匹越月踰時焉則必反巡過其故鄉翔回焉鳴號焉蹢躅焉踟躕焉然後乃能去之小者至於燕雀猶有啁噍之頃焉然後乃能去之故有血氣之屬者莫知於人故人於其親也至死不窮匹偶也言燕雀之恩不如大鳥獸大鳥獸不如人含血氣之類人最有知而恩深

也於其五服之親念之至死無止已○屬音蜀喪息浪反又如字巡徐詞均反過徐音戈一音古臥反號音豪戶羔反躑本又作蹢直亦反徐治革反躅直錄反徐治六反蹢躅不行也踶徐音馳字或作踟蹰音厨燕於見反雀本又作爵啁張留反噍子流反啁噍聲頃苦潁反知音智〔疏〕凡生至不窮○正義曰此一經明天地之間血氣之類皆有所知至於鳥獸大小各能思其種類況在於人何有窮已也將由夫患邪淫之人與則彼朝死而夕忘之然而從之則是曾鳥獸之不若也夫焉能相與羣居而不亂乎言惡人薄於恩死則忘之其相與聚處必失禮也○由夫音扶下皆同邪似嗟反人與音餘下君子與同曾則能反焉於虔反〔疏〕將由至亂乎○正義曰此一經明小人之人曾鳥獸之不若若不以禮節之安能羣居而不亂將由夫脩飾之君子與則三年之喪二十五月而畢若駟之過隙然而遂之則是無窮也駟之過隙喻疾也遂之謂不時

除也。駟音四馬也過古臥反徐音戈隙本又作郤去逆反空隙之地也【疏】將由至窮也。正義曰此一經明賢人君子於三年之喪若駟之過隙若不以禮制節之則哀痛何時窮已駟之過隙者駟謂駟馬隙謂空隙駟馬峻疾空隙狹小以峻疾而過狹小言急速之甚

**故先王焉爲之立中制節壹使足以成文理則釋之矣**立中制節謂服之年月也釋猶除也去也。爲于僞反下注爲母同中如字、又丁仲反注同去起呂反【疏】故先至之矣。正義曰此一經明小人君子其意不同故先王爲之立中人之制節。故先王焉者焉是語辭立中制節者言先王爲之立中人之制以爲年月限節。壹使足以成文理者壹謂齊齊同言君子小人皆齊同使足以成文章義理。則釋之矣者釋猶除去既成義理則除去其服所以成三年文理者以三年一閏天道小成又子生三年然後免於父母之懷故服以三年成文章義理

**然則何以至期也**言三年之義如此則何以有降至於期也期者謂爲人後者父在爲母也。期音基注及下同**曰至親以期斷**言服之正雖至親皆期而除也。斷丁亂反下注同**是何也**問服斷於

期之義也曰天地則已易矣四時則已變矣其在天地之中者莫不更始焉以是象之也法此變易可以期也

〔疏〕然則至之也。正義曰上節既稱爲父母三年何故有父母止有期者此一節釋爲期之義然則何以至期也者言爲爲父母本應三年何故爲人後者爲本生父母及父在爲母而止於期曰至親以期斷者記者釋之爲至親本以期斷故雖爲他後及父在爲母但以期也。是何也者記者又起問云有何義故以期矣。四時則已變矣者荅期斷之義也言期是一年之周匝而天氣換矣前時已畢今時又來是變改矣其在天地之中者莫不更始焉者言天地之中動植之物無不於前事之終更爲今事之始也。以是象之也者聖人以是之故以人事法象天地故期年也。注言三至母爲也。正義曰鄭意以三年之喪何以有降至於期者故云爲人後者爲本生之父母及父在爲母期事故抑屈應降至九月十月何以必至於期以其本至親不可降期以下故雖降屈猶至於期今檢尋經意父母本應三年何以至期者但問其一期應除之義故荅曰至親以期斷是明一期可除之節故禮期而練男子除絰婦人除帶下文云加隆故至三年是經意不據爲人後及父在爲母期鄭之此釋恐未盡經意但旣祖鄭學今因而釋之然則何以三年也言法此變易可以期何以乃三年爲曰加隆焉爾也焉使倍之故再期也○言於父母加隆其恩使倍期也下焉猶然加隆焉爾一本作加隆爲爾焉徐如字一音於虔反焉猶然也一云發聲也注及下同倍步罪反注同疏然則至期也○正義曰此一節釋因期及三年之義故設問云然則何以三年也曰加隆焉爾也本實應期但子加恩隆重故三年焉爾也語助之辭也○然使倍之故再期也者焉猶然也子旣加隆於父母故然使倍之然猶如是倍之言倍一期故至再期也由九月以下何也曰焉使弗及也言使其恩不若父母故三年以爲隆緦小功以爲殺期九月以爲間上取象於天下取法於地中取則於人人之所以羣居和壹之理盡矣取象於天地謂法其變易也自三年以至緦皆歲時之數也言旣象天地又足

以盡人聚居純厚之恩也○殺色界反徐所例反 故三年之喪人道之至文者也夫是之謂至隆言三年之喪禮之最盛也 是百王之所同古今之所壹也未有知其所由來者也不知其所由來喻此三年之喪前世行之久矣 孔子曰子生三年然後免於父母之懷夫三年之喪天下之達喪也達謂自天子至於庶人

〔疏〕由九至盡矣○正義曰上節既稱期斷何故有九月以下故此經釋之○由九月以下何也者由從也記者既稱期斷假設問之何故有從九月以下○曰焉使弗及也者焉亦然也然使恩隆不及於期也則五月不及九月三月不及五月轉相不及也○故三年以爲隆者謂恩愛隆重○緦小功以爲殺者謂情理殺薄○朞九月以爲間者是隆殺之間也○上取象於天下取法於地者天地之氣三年一閏是三年者取象於一閏天地一期物終是一期者取象於一周九月者以象陽之數又象三時而物成也五月以象於五行三月者取象天地一時而氣變言五服

之節皆取法於天地○中取則於人者則法也天地之中取則於人若子生三年然後免於父母之懷故服三年人之一歲情意變改故服一期九月五月三月之屬亦逐人情而減殺是中則於人○所以羣居和壹之理盡矣者既取法天地與人三才並備故能調和羣衆聚居和諧專壹義理盡備矣○故三年至喪也○正義曰此一節重明三年之義三年之喪人道之至文者也言三年喪禮於人道之中至極文理之盛者則朞以下非其至極也夫是之謂至隆者言三年之喪人恩之至極隆厚也○未有知其所由來者也言三年之喪行之自遠未有能識知所從來也言不知所從何代而來引孔子者論語之文證此三年之喪也○注不知至久矣○正義曰案易繫辭云古之葬者厚衣之以薪葬之中野不封不樹喪期無數尚書云百姓如喪考妣三載此云不知所由來者但上古云喪期無數謂無葬練祥之數其喪父母之哀猶三年也故堯崩云如喪考妣三載則知堯以前喪考妣已三年但不知定在何時其喪服所起則黃帝堯舜之時雖有衣裳仍未有喪服也但唐虞已前喪服與吉服同皆以白布爲之故郊特牲云大古冠布齊則緇之若不齊則皆用白布也鄭注喪服其冠衰之異從三代以下由唐虞以上曰大古吉凶皆用白布則知三代吉凶異也

# 深衣第三十九

○陸曰鄭云以其記深衣之制也名曰深衣者謂連衣裳而純之以采也有表則謂之中衣以素純則曰長衣也

〔疏〕正義曰案鄭目錄云名曰深衣者以其記深衣之制也深衣連衣裳而純之以采者素純曰長衣有表則謂之中衣大夫以上祭服之中衣用素詩云素衣朱襮玉藻曰以帛裏布非禮也士祭以朝服中衣以布明矣此於別錄屬制度鄭云大夫以上祭服中衣用素者謂天子大夫以其四命與公之孤同爵弁自祭故中衣用素云士祭以朝服中衣以布者亦謂天子之士與諸侯大夫同案少牢諸侯大夫祭以朝服故天子之士亦祭以朝服朝服用布故中衣以布其諸侯之士自祭以玄端玄端則朝服之衣但其裳異耳中衣亦用布也案詩云素衣朱襮晉人欲薦桓叔桓叔大夫得用素衣者國人以國君之禮待之故欲薦素衣也其長衣中衣及深衣其制度同玉藻云長中繼揜尺若深衣則緣而已下云緣廣寸半凡深衣皆用諸侯大夫士夕時所著之服故玉藻云朝玄端夕深衣庶人吉服亦深衣皆著之在表也其中衣在朝服祭服喪服之下知喪服亦有中衣者檀弓云練衣黃裏注云練中衣以黃爲內是也但喪服中衣不得繼揜尺也故喪服儀云帶緣各視其冠注云緣如深衣之緣是喪服中衣用深衣則深衣

緣之以采故下云具父母大父母衣純以繢以青之屬也唯孤子深衣純以素但以緣而已不與長衣同其吉服中衣亦以采緣其諸侯得綃黼爲領丹朱爲緣郊特牲云綃黼丹朱中衣大夫之僭禮則知大夫士不用綃黼丹朱但用采純而已矣無文以明之其長衣以素緣知者若以采緣則與吉服中衣同故知以素緣也若以布緣則曰麻衣知用布緣者以其稱麻衣故知也其喪服之中衣其純用布視冠布之麤細至葬可以用素緣也練則用縓也其詩之麻衣則與此别彼謂吉服之衣也所以此稱深衣者以餘服則上衣下裳不相連此深衣衣裳相連被體深邃故謂之深衣

古者深衣蓋有制度以應規矩繩權衡言聖人制事必有法度○應於證反短毋見膚衣取蔽形○毋音無下同見賢遍反長毋被土爲汙辱也○被彼義反爲于僞反汙汙辱之汙一音烏臥反續衽鉤邊續猶屬也衽在裳旁者也屬連之不殊裳前後也鉤讀如鳥喙必鉤之鉤鉤邊若今曲裾也續或爲裕○衽而審反又如鴆反鉤古侯反屬音燭下皆同喙許穢反裕以樹反要縫半下三分要中減一以益下下宜寬也要或爲優○要一遥反注同

縫扶用反下注同袼之高下可以運肘肘不能不出入袼衣袂當掖之縫也○袼本又作胳音各腋也肘竹九反又張柳反掖本又作腋音亦袂之長短反詘之及肘袂屬幅於衣詘而至肘當臂中爲節臂骨上下各尺二寸則袂肘以前尺二寸肘或爲腕○袂彌世反袪末曰袂詘丘勿反腕烏亂反帶下毋厭髀上毋厭脅當無骨者當骨緩急難爲中也○厭於甲反徐於涉反下同髀畢婢反徐匹婢反一音步啟反脅許劫反當丁浪反注同又丁郎反中丁仲反又如字制十有二幅以應十有二月裳六幅幅分之以爲上下之殺○應應對之應下同殺色界反徐所例反袂圜以應規謂胡下也○圜音圓胡下下垂曰胡曲袷如矩以應方袷交領也古者方領如今小兒衣領○袷音劫下注同負繩及踝以應直繩謂裻與後幅相當之縫也踝跟也○踝胡瓦反裻音督跟音根下齊如權衡以應平齊緝○齊音咨亦作齋下同緝古入反故規者行舉

手以爲容[行舉手謂揖讓]負繩抱方者以直其政方其義也故易曰坤六二之動直以方也[言深衣之直方應易之文也政或爲正]下齊如權衡者以安志而平心也[心平志安行乃正或低或仰則心有異志者與○行下孟反又如字卬音仰本又作仰一音五郎反與音餘○]五法已施故聖人服之[言非法不服也]故規矩取其無私繩取其直權衡取其平故先王貴之[貴此衣也]故可以爲文可以爲武可以擯相可以治軍旅完且弗費善衣之次也[完且弗費言可苦衣而易有也深衣者用十五升布鍛濯灰治純之以采善衣朝祭之服也自士以上深衣爲之次庶人吉服深衣而已○相息亮反完音丸費芳貴反又孚沸反注同苦衣於既反易以豉反鍛丁亂反濯音濁純之允反又之閏反後皆同朝直遥反上時掌反○]具父

母大父母衣純以繢具父母衣純以青如孤子衣純以素尊者存以多飾爲孝繢畫文也三十以下無父稱孤○大父母音泰大父母祖父母也繢胡對反○純袂緣純邊廣各寸半純謂緣之也緣袂謂其口也緣緆也緣邊衣裳之側廣各寸半則表裏共三寸矣唯袷廣二寸○緣悅絹反注同廣古曠反注同緆徐音以豉反皇音錫案鄭注既夕禮云飾衣領袂口曰純裳邊側曰綼下曰緆也

【疏】古者至篇末○正義曰此一篇從此至末皆論深衣之制今各隨文解之○古者深衣蓋有制度者以作記之人爲記之時深衣無復制度故稱古者深衣蓋有制度言蓋者疑辭也○以應規矩繩權衡者此則制度之事所應者備在下文○短毋見膚者深衣所取覆形體縱令稍短不得見其膚肉若見膚肉則褻也○長毋被土者其衣縱長無覆被於土爲汙辱也○續衽鉤邊者衽謂深衣之裳以下闊上狹謂之爲衽接續此衽而鉤其旁邊即今之朝服有曲裾而在旁者是也○注續猶至裾也○正義曰衽當旁者凡深衣之裳上二幅皆寬頭在下狹頭在上皆似小要之衽是前後左右皆有衽也今云衽當旁者謂所續之衽當身之一旁非爲餘

衽悉當旁也云屬連之不殊裳前後也若其喪服其裳前三幅後四幅各自爲之不相連也今深衣裳一旁則連之相著一旁則有曲裾掩之與相連無異故云屬連之不殊裳前後也云鉤讀如烏喙必鉤之鉤者案援神契云象鼻必卷長烏喙必鉤鄭據此讀之也云若今曲裾也鄭以後漢之時裳有曲裾故以續衽鉤邊似漢時曲裾今時朱衣朝服從後漢明帝所爲則鄭云今曲裾者是今朝服之曲裾也其深衣之衽已於玉藻釋之故今不得言也○要縫半下○要縫謂要中之縫尺寸闊狹半下畔之闊下畔一丈四尺四寸則要縫半之七尺二寸○注三分至寬也○正義曰此據裳之一幅分爲二幅凡布廣二尺二寸四寸爲縫一尺八寸在三分之一分爲六寸減此六寸以益於下是下二幅有二尺四寸上二幅有一尺二寸故云三分要中減一以益下下容舉足而行故宜寬也○袼之高下可以運肘○袼謂當臂之處袂中高下宜稍寬大可以運動其肘袂二尺二寸肘尺二寸是容運肘也又袂之長短反詘之及肘者袂長二尺二寸并緣寸半爲二尺三寸半除去其縫之所殺各一寸餘有二尺一寸半在從肩至手二尺四寸今二尺一寸半之袂得反詘及肘者以袂屬於衣幅闊二尺二寸身脊至肩但尺一寸也從肩覆臂又尺一寸是衣幅之畔覆臂將盡今又屬袂於衣又二尺二

寸半故反詘其袂得及於肘也○當無骨者帶若當骨則緩
急難中故當無骨之處此深衣帶下於朝祭服之帶也朝祭
之帶則近上故玉藻云三分帶下紳居二焉是自帶以下四
尺五寸也○制十有二幅以應十有二月者深衣其幅有六
每幅交解爲二是十二幅也○注古者方領○正義曰鄭以
漢時領皆嚮下交垂故云古者方領似今擁咽故云若今小
兒衣領但方折之也○負繩及踝以應直○正義曰衣之背
縫及裳之背縫上下相當如繩之正故云負繩非謂實負繩
也○故規者行舉手以爲容者所以袂圜中規者欲使行者
舉手揖讓以爲容儀如規也○負繩抱方者以直其政方其
義也負繩背之縫也抱方領之方也以直其政解負繩以方
其義解抱方也言欲使人直其政教欲使政教直方其義欲
使義事方正也○故易曰坤六二之動直以方也記者既明
方直之義故引坤卦之六二直方以證之案鄭注坤之六二
云直也方也地之性此爻得中氣而在地上自然之性廣生
萬物故生動直而且方○下齊如權衡者以安志而平心也
者言裳下之齊如權之衡低仰平也欲以安其志意而平均
其心也○注完且至而已○正義曰可苦衣而易有也以其
完牢乃可於苦事衣著故庶人服之以完牢故也而易有者
以白布爲之不須黼黻錦繡之屬是易有也云深衣者用十

五升布鍛濯灰治者案雜記云朝服十五升此深衣與朝服
相類故用十五升布鍛濯謂打洗鍛濯用灰治治理使和熟也
然則喪服麻衣雖似深衣之制不必鍛濯灰治以其雜凶故
也云自士以上深衣爲之次者案玉藻諸侯夕深衣祭牢肉
又大夫士朝玄端夕深衣是深衣爲朝祭之次服也云庶人
吉服深衣者深衣是諸侯之下自深衣以後更無餘服故知
是庶人之吉服喪服有衰裳包貴賤上下無差亦明庶人吉
服乃深衣也○具父母大父母衣純以繢者所尊俱在故衣
純以繢言具父母則父母俱在也大父母則亦然也若其不
具一在一亡不必純以繢也○具父母衣純以青者唯有父
母而無祖父母者以爲吉不具故飾少而深衣領緣用青純
降於繢也若父母無唯祖父母在亦當純以青○純袂緣純
邊廣各寸半者純袂者純緣也謂純其袂緣則袂口也又云
緣讀爲緆謂深衣之下純也純邊者謂深衣之旁側也廣各
寸半者言純袂口及裳下之緆并純旁邊其廣各寸半言表
裏合爲三寸○注純謂至二寸○正義曰純謂緣之者解經
文二箇純字一是純袂二是純邊皆謂緣之也云緣袂謂其
口也經言純袂恐口外更緣故云純袂則是緣其袂口也非
是口外更有緣也故分明言之云緣緆也解經緣字讀爲緆
謂深衣下畔也故既夕禮云明衣縓綼緆鄭注云在幅曰綼

在下曰緆今經云此緆則深衣之下緣也云緣邊衣裳之側解經純邊也深衣外衿之邊有緣也裳雖前後相連然外邊曲裾掩處其側亦有緣也

投壺第四十。陸曰鄭云投壺者主人與客燕飲講論才藝之禮也別録屬吉禮亦實曲禮之正篇也皇云與射爲類宜屬嘉禮或云宜屬賔禮也〔疏〕正義曰案鄭目録云名曰投壺者以其記主人與客燕飲講論才藝之禮此於別録屬吉禮亦實曲禮之正篇是投壺與射爲類此於五禮宜屬嘉禮也或云宜屬賔禮

禮記　鄭氏注　孔穎達疏

投壺之禮主人奉矢司射奉中使人執壺矢所以投者也中士則鹿中也射人奉之者投壺射之類也其奉之西階上北面。投壺壺器名以矢投其中射之類奉音捧芳勇反下及注皆同徐音如字下奉中同主人請曰某有枉矢哨壺請以樂賔賔曰子有旨酒嘉肴某既賜矣又重

以樂敢辭燕飲酒既脫屨升堂。主人乃請投壺也否則或射所謂燕射也枉哨不正貌爲謙辭。枉紆往反哨七笑反徐又以救反枉哨不正貌王肅云枉不直哨不正也樂賓音洛下同一讀下以樂音岳言投壺以樂肴戶交反重直用反下及注同稅本亦作脫吐活反請七井反下文同主人曰枉矢哨壺

不足辭也敢固。以請賓曰某既賜矣又重以

樂敢固辭固之言如故也言如故辭者重辭也主人曰枉矢哨壺

不足辭也敢固以請賓曰某固辭不得命敢

不敬從不得命不以命見許〔疏〕投壺至敬從。正義曰此一節論燕禮脫屨升堂之後主人請投壺

於賓賓辭及許之事。主人奉矢者謂於阼階之上西面奉持其矢知西面者以賓在西故知西面對賓也。司射奉中者中謂受筭之器投壺亦射之類故司射於西堦上奉中北面也。使人執壺者謂主人使人執所投之壺於司射之西而北面也所以皆在西階上者欲就賓處也唯云使人不言官者以賤略之也。某有枉矢哨壺者枉謂曲而不直也哨謂

哨峻不正是主人謙遜之辭。某既賜矣又重以樂敢辭者賓稱主人設酒肴以待己是某既受主人之賜矣主人又請投壺樂已是重以樂也。注士則至北面。正義曰士則鹿中案鄉射記云大夫兕中士鹿中此篇投壺是大夫士之禮故云士則鹿中不云兕中者略之也此知投壺是大夫士禮者以經云主人請賓是乎敵之辭與鄉飲酒鄉射同故知是大夫士也若諸侯則燕禮大射每事云請於公不得云主人請賓也此既非諸侯之禮而經云奏貍首者別取燕飲之義非謂尊卑之詩其諸侯相燕亦有投壺故左傳云晉侯與齊侯燕投壺然則天子亦有之但古禮亡無以知也其中之形刻木爲之狀如兕鹿而伏背上立圜圈以盛筭云奉之西堦上北面者案鄉射禮將射之時司射升自西階上北面告於賓故知此司射奉中在西階上北面其執壺之人賤於司射故在司射之西以凡行禮統於上主人雖俱在西堦而當尊東故燕禮大射宰夫代公爲主人與賓俱升西階而主人在東也。注燕飲至射也。正義曰知既脫屨升堂。主人乃請投壺也者案燕禮取俎以出卿大夫皆降賓反入及卿大夫皆脫屨升就席羞庶羞之後乃云若射則大射正爲司射則知此亦在脫屨升堂。之後若鄉射之禮則在飲酒未旅之前爲射以其詢衆庶禮重故早射異於燕射也

**賓再**

拜受主人般還曰辟賓再拜受拜受矢也主人既辟進授矢兩楹之間也○般步干反下同還音旋下同辟音避徐扶亦反注及下同主人阼階上拜送賓盤還曰辟拜送送矢也辟亦於其階上○【疏】賓再至曰辟○正義曰此一經論賓與主人受矢送矢之節○

賓再拜受者賓既許主人投壺賓乃於西階上北面再拜遥受矢也主人般還曰辟者主人見賓之拜乃般曲折還謂賓曰今辟而不敢受言此者欲止賓之拜也於是賓及主人各來兩楹之間相就俱南面主人在東授矢與賓○主人阼階上拜送者主人既授矢之後歸還阼階主北面拜送矢也○賓般還曰辟者賓受矢之後歸於西階上見主人之拜賓爲般還而告主人曰今辟而不敢受之言此者亦止主人拜知皆北面者案鄉飲酒鄉射拜受爵送爵皆北面故知亦當北面熊氏云以拜時還辟或可東西面相拜又以曰辟者是賛者來辭告主人及賓言曰辟義亦通也

已拜受矢進即兩楹間退反位揖賓就筵主人既拜送矢又自受矢進即兩楹間者言將有事於此也退乃揖賓即席欲與偕進明爲偶也賓席主人席皆南鄉間相去如射物○鄉許亮反

〔疏〕已拜至就筵○正義曰此一經明賓主受矢之後就投壺之筵○已拜受矢者謂主人拜送矢之後主人贊者持矢授主人主人於阼階上受矢也○退即兩楹間退反位者主人受矢之後乃獨來就兩楹間者言將有事於此也看投壺處所乃却退反阼階之位○揖賓就筵者主人於阼階之上西面揖賓令就投壺之筵於是賓主各來就筵○注退乃至射物○正義曰云退乃揖賓者解經退反位揖賓也所以揖之者欲與賓俱即席相對爲偶而共投壺云賓席主人席皆南鄉間相去如射物者以壺在於南故知投壺南鄉也投壺是射之類故如席相去如射物也物謂射者所立之處物長三尺闊一尺三寸兩物東西相去容一弓故鄉射記云物長如笴其間容弓距隨長武注云笴長三尺距隨者物橫畫也

司射進度壺間以二矢半反位設中東面執八筭興度壺度其所設之處也壺去坐二矢半則堂上去賓席主人席邪行各七尺也反位西階上位也設中東面既設中亦實八筭於中橫委其餘於中西執筭而立以請賓俟投○度徒洛反注同以二矢半一本無此四字依注則有筭悉亂反下皆同處昌慮反坐才臥反又如字下同邪似嗟反○

〔疏〕司射至筭興○正義曰前經

賓主既就筵此經明進度壺并筭之節○司射進度壺者司射於西階之上於執壺之人處受壺乃東嚮來賓主筵前進所量度其壺置於賓主筵南○間以二矢半者投壺有三處室中堂中及庭中也日中則於室日晚則於堂太晚則於庭是各隨光明處也矢有長短亦隨地廣狹室中狹矢長五扶堂上稍廣矢長七扶庭中大廣矢長九扶四指曰扶扶廣四寸五扶者則二尺也七扶者則二尺八寸也九扶者則三尺六寸也雖矢有長短而度壺皆使去賓主之席各二矢半也室中去席五尺堂上則去席七尺庭中則去席九尺○反位者司射度壺既畢反還西階上位○設中者司射西階上取中稍進東面而設中也○東面執八筭興者既設中之後於中西東面手執八筭而興起其中裏亦實八筭○注亦實八筭於中橫委其餘於中西○正義曰此約鄉射文實八筭於中今此投壺射之類故云亦實八筭於中亦者亦鄉射也○

請賓曰順投為入比投不釋勝飲不勝者正爵既行請為勝者立馬一馬從二馬三馬既立請慶多馬請主人亦如之請猶告也順投矢本入也比投不拾也勝

飲不勝言以能養不能也正爵所以正禮之爵也或以罰或以慶馬勝筭也謂之馬者若云技藝如此任爲將帥乘馬也射投壺皆所以習武因爲樂○比毗志反頻也徐扶質反注同勝飲上尺證反下於鴆反注及下同爲于僞反勝者立馬俗本或此句下有一馬從二馬五字誤拾其刼反下文及注皆同技其綺反任音而林反將子匠反帥色類反樂音洛○

【疏】請賓至如之○正義曰此一經明司射告賓主以投壺之法○順投爲入者司射執八筭起而告賓黨爲投壺之法也順本也言矢有本末投矢於壺以矢本入者乃名爲入則爲之釋筭也若矢以末入則不名爲入亦不爲之釋筭也○比投不釋者比頻也又賓主投壺法要更遞而投不得以前既入喜悅不待後人投之而已頻投頻投雖入亦不爲之釋筭也○勝飲不勝者又告云若投勝者則酌酒飲於不勝者也正爵既行者又說飲法也正爵謂勝飲不勝之爵也以其正禮故謂爲正爵既行謂行爵竟也○請爲勝者立馬者此謂行正爵畢而爲勝者立馬者則反取筭以爲馬表於勝數也必謂筭爲馬者馬是威武之用爲將帥所乘今投壺及射亦是習武而勝者自表堪爲將帥故云馬也○一馬從二馬者每一勝輒立一馬禮以三馬爲成若專三馬則爲一成但勝偶未必專頻得三若勝偶得二劣偶得一一既劣於

二故徹取劣偶之一以足勝偶之二爲三故云一馬從二馬然定本無此一句○三馬既立請慶多馬者若頻得二從或取彼足爲三馬是其勝已成又酌酒慶賀於多馬之偶也○請主人亦如之者司射請賓之黨爲每事並應曰諾竟而司射又請主人事事亦如賓而主人皆亦曰諾如賓也案鄉射司射請賓於西階上請主人於阼階上則此請賓請主人皆亦就賓主之前也○注正爵至爲樂○正義曰此經正爵謂罰爵故下別云三馬既備請慶多馬今鄭注或以罰或以慶則慶馬勝筭亦爲正爵者鄭通而解之罰慶俱是正爵故下文云正爵既行請徹馬彼謂慶爵亦稱正爵也案鄉射禮三耦先射賓主乃射以射禮重也此投壺不立三耦以投壺禮輕故也

命弦者曰請奏貍首間若一大師曰諾弦鼓瑟者也貍首詩篇名也今逸射義所云詩曰曾孫侯氏是也間若一者投壺當以爲志取節焉○貍吏持反間間厠之間注同大音泰○

【疏】命弦至曰諾○正義曰此一經明司射命工作樂節投壺之儀○命弦者曰請奏貍首者謂司射命遣鼓瑟之弦者請奏貍首之篇○間若一者謂前後樂節中間疏數如似一也○大師曰諾者大師應此司射曰諾諾承領之辭也○注弦鼓至節焉○正義曰知鼓瑟者鄭

約鄉射禮用瑟也案下有魯鼓薛鼓節亦有鼓以弦爲重故特云命弦者云貍首詩篇名也者以與射義騶虞采蘋相類故知詩篇名也旣非諸侯投壺而奏貍首者義取燕飲之儀猶如鄉射奏騶虞不計人之尊卑云投壺當以爲志取節焉者解所以間若一投壺者當聽之以爲志取投合於樂節故須中間若一也案鄉射三番初一番耦射不釋筭第二番釋筭未作樂第三番乃用樂此投壺發初則用樂者以投壺禮輕主於歡樂故也

左右告矢具請拾投有入者則司射坐而釋一筭焉賓黨於右主黨於左

拾更也告矢具請更投者司射也司射東面立釋筭則坐以南爲右北爲左也已投者退各反其位○更古衡反下同○

〔疏〕左右至於左○正義曰此一經論投壺之事中者釋筭之儀○左右告矢具者左謂主人右謂賓客司射告主與賓以矢具也○請拾投者拾更也司射又請賓主更遞而投於是乃投壺也○有入者則司射坐而釋一筭焉者若矢入壺者則司射乃坐釋一筭於地也○賓黨於右者右謂司射之前稍南也○主黨於左者左謂司射之前稍北也○注已投者退各反其位○正義曰約鄉射禮射畢則各反其位則知投壺者畢亦各反

共位㪍後來也反位謂主黨於東賓黨於西○

卒投司射執筭曰左右卒投請數二筭爲純一純以取一筭爲奇遂以奇筭告曰某賢於某若干純奇則曰奇均則曰左右鈞

卒已也賓主之黨畢已投司射又請數其所釋左右筭如數射筭一純以取實於左手十純則縮而委之每委異之有餘則橫諸純下一筭爲奇奇則縮諸純下兼斂左筭實於左手一純以委十則異之其他如右獲畢則司射執奇筭以告於賓與主人也若告云某賢於某者未斥主黨勝與賓黨勝與以勝爲賢尚技藝也鈞猶等也等則左右手各執一筭以告○數色主反注同爲純音全下及注同鄭注儀禮如字云純全也奇紀宜反下同遂以奇筭告一本此何上更有勝者司射五字誤鈞居旬反縮色六反直也其它音他勝與音餘下勝與同技其綺反

【疏】卒投至右鈞○正義曰此一經明投壺筭數之儀○卒投者謂投壺卒也○司射執筭曰左右卒投請數者司射於壺西東面執筭請曰賓主之黨卒竟投請數筭二筭爲純一純以取者純全也二筭合爲一全地上取筭之時一純則別而取

之○一筭爲奇者一筭謂不滿純者奇隻也故云一筭爲奇○遂以奇筭告者奇餘也謂左右數鈞等之餘筭手執而告曰某賢於某若干純者或左或右不定故稱某賢謂勝者也勝者若有雙數則云若干純假令十數則云五純也○奇則曰奇者若有奇數則曰奇假令九筭則曰九奇也○鈞則曰左右鈞者鈞猶等也等則左右各執一筭以告○注卒已至以告○正義曰云如數射筭者以投壺射之類故知此數投壺之筭如數射筭云一純以取至其他如右獲此皆鄉射之禮文也一純以取實於左手謂就地上之筭以右手每一純別而取實於左手云十純則縮而委之每委異之者滿十純則從而委之於地司射東面則東西爲縮每十雙則東西縮爲一委每有十雙更別委之故云每委異之云有餘則橫諸純下者有餘謂不滿十雙或八雙九雙以下則橫於純下謂橫在十純之西南北置之云一筭爲奇奇則縮諸純下者若唯有一筭則縮之零純之下在零純之西東西置之此謂數右筭之法若數左筭則異於右筭謂揔斂地之筭實於左手之中每一純取以委地滿十則異之謂滿十純揔爲一委云其他如右獲者謂所縱所橫如右獲也

命酌

曰請行觴。酌者曰諾

司射又請於賓與主人以行正爵酌者勝黨之弟子○觴失羊

反字或作觴同當飲者皆跪奉觴曰賜灌勝者跪曰敬養酌者亦酌奠於豐上不勝者坐取乃退而跪飲之灌猶飲也言賜灌者服而爲尊敬辭也周禮曰以灌賓客賜灌敬養各與其偶於西階上如飲射爵○跪其委反奉芳勇反下注奉觴同灌古亂反養羊尚反注同飲於鴆反下飲不勝同〔疏〕命酌至敬養○正義曰此一節明飲不勝之儀命酌曰請行觴者謂司射命此酌酒者曰敬以請賓與主人行觴謂罰爵之事賓主已許汝當酌之○酌者曰諾者謂勝黨之弟子曰諾受領許酌乃於西階上南面設豐洗觶升酌坐奠於豐上也○當飲者皆跪奉觴曰賜灌者謂勝者與不勝者俱升西階勝者在東不勝者跪取豐上之爵手奉其觴曰蒙賜灌灌猶飲也○勝者跪曰敬養者勝者跪執之曰敬以此觴而養不能○注酌者勝黨之弟子○正義曰此鄉射禮文也案彼文云弟子奉豐升設于西楹之西勝者之弟子洗觶升酌南面坐奠于豐上是也○注周禮至射爵○正義曰此周禮典瑞文引之者證灌爲飲也云賜灌敬養各與其偶於西階上如飲射爵者以投壺射類故約鄉射而知也

正爵既行請立馬馬各直其筭一馬從二馬

以慶慶禮曰三馬既備請慶多馬賓主皆曰諾飲不勝者畢司射又請爲勝者立馬當其所釋筭之前三立馬者投壺如射亦三而止也三者一黨不必三勝其一勝者并其馬於再勝者以慶之明一勝不得慶也飲慶爵者偶親酌不使弟子無豐○直如字又持吏反爲于僞反

正爵既行請徹馬投壺禮畢可以去其勝筭也既徹馬無筭爵乃行○去音起呂反

【疏】正爵至徹馬○正義曰此一經論飲不勝者畢司射請爲勝者立馬以表顯賢能之事○正爵既行者謂正禮罰酒之爵既行飲畢之後司射乃請賓主請爲勝者樹標立其馬也○馬各直其筭者直當也謂所立之馬各當其初釋筭之前所釋之筭東中之西也○一馬從二馬者投壺與射禮同亦三番而止每番勝者則立一馬假令賓黨三番俱勝則立三馬或賓黨兩勝而立二馬主黨一勝但立一馬即以主黨從就賓黨二馬以少足益於多以助勝者爲榮○以慶者一馬從二馬之後乃以慶賀多馬故云以慶但此經上云請立馬者是司射請辭馬各直其筭一馬從二馬以慶是禮家陳事之言也慶禮曰三馬既備請慶多馬者以還是司射請辭言爲慶之禮勝者三馬既已備具請酌酒慶賀於多馬

者賓主皆曰諾者無問勝與不勝皆稱曰諾○注飲不至無豐○正義曰云投壺如射亦三而止也者以投壺射之類故知亦三番而止案鄉射禮初番三耦射但唱獲而已未釋筭亦未飲不勝者第二番耦射畢賓主之黨皆射畢乃數筭飲不勝者第三番三耦及賓主等皆射中鼓節乃釋筭飲罰爵今投壺初則不立三耦唯賓主三番而止云三者一黨不必三勝者解一馬從二馬之意言或賓或主之黨黨中不必三番得勝故以一勝之馬并其馬於再勝者以慶之明一勝者不得慶也云飲慶爵者偶親酌不使弟子無豐者以飲不勝之時賊其無能故偶不親酌使弟子酌奠於豐上則鄉射禮所云者是也今既尊賢當須親酌手自授之故知不使其弟子無豐也皇氏以爲三番而止者謂三耦投壺而止案鄉射禮每番皆三耦而止今云三耦投壺而止非其義也○正爵既行請徹馬○正義曰此明飲慶爵之後司射請徹去其馬以投壺禮畢行無筭爵之事

**筭多少視其坐**筭用當視坐投壺者之衆寡爲數也投壺者人四矢亦人四筭○坐加字又才臥反注同

**籌室中五扶堂上七扶庭中九扶**籌矢也鋪四指曰扶一指案寸春秋傳曰膚寸而合投壺者或於室或於堂或於庭其禮褻隨晏早

之宜無常處○籌直由反扶方于反下及注同鋪音鳥反又芳夫反褻息列反處昌慮反 筭長尺二寸 其節三扶可也或曰筭長尺有握握素也○長直亮反注同 壺頸脩七寸腹脩五寸口徑二寸半容斗五升壺中實小豆焉爲其矢之躍而出也壺去席二矢半 脩長也腹容斗五升三分益一則爲二斗得圜囷之象積三百二十四寸也以腹脩五寸約之所得求其圜周圜周二尺七寸有奇是爲腹徑九寸有餘也實以小豆取其滑且堅○頸吉井反又九領反徐其聲反爲于僞反躍羊略反圜音圓囷去倫反奇紀宜反滑乎八反 矢以柘若棘毋去其皮 取其堅且重也舊說云矢大七分或言去其皮節○柘止夜反木名毋音無下皆同去起呂反注同

【疏】筭多至其皮○正義曰此一節明筭及矢長短之數又明壺之大小及矢之所用以儀禮準之此亦正篇之後記者之言也今録記者既陳正禮於上又以此諸事繼之於下筭多少視其坐者言筭之多少視其所坐之人每人四矢人別四筭也○籌室中五扶堂上七扶庭中九扶者籌矢

也室中最狹故五扶堂上差寬故七扶庭中彌寬故九扶○注投壺者人四矢○正義曰案鄉射及大射人皆乘矢故知四矢也○注籌矢至常處○正義曰云春秋傳曰膚寸而合者此傳三十一年公羊傳文彼云觸石而出膚寸而合不崇朝而徧雨乎天下唯泰山爾引之者證彼膚與此扶同也○注脩長至餘也○正義曰腹容斗五升三分益一則爲二斗者既稱腹容斗五升又云三分益一者以斗五升其數難計故加三分益一爲二斗從整數計之云得圜囷之象積三百二十四寸也者以筭法方一寸高十六寸二分爲一升則一斗之積方一寸高一百六十二寸也二斗之積爲三百二十四寸也於此壺之圜囷之中凡有三百二十四寸也云以腹脩五寸約之所得者腹之上下高五寸共有三百二十四寸今且以壺底一寸約之即於三百二十四寸之中五分之一得六十四寸八分也是腹脩五寸約之所得之數也云求其圜周圜周二尺七寸有奇者壺底一重既有六十四寸八分以圜求方須三分加一六十四寸八分分爲三分則一分有二十一寸六分并前六十六寸八分得八十六寸八分也即是壺底一重方積之數也今將八十六寸開方積之九九八十一則爲方九寸強也一面有九寸強四面凡有三十六寸強今以方求圜四分去一有二十七寸強是壺圜周二尺七

寸有强故云圜周二尺七寸有奇也鄭之此計據一斗之數必知然者壺徑九寸以圜求方以方九寸計之凡九九八十一壺底一重有八十一寸五重則有五箇八十一寸總爲四百五寸今以方求圜四分去一去其一百一寸四分寸之一餘三百三寸四分寸之三於二斗之積三百二十四寸之內但容三百三寸四分寸之三餘有二十寸四分寸之一不盡故云圜周二尺七寸有奇乃得盡也若以斗五升計之計一十五升之積有二百四十三寸則壺之所徑唯八寸餘也得容此數必知然者凡方八寸開方計之八八六十四得六十四寸壺高五重則五箇六十四寸總爲三百二十寸以方求圜四分去一去八十寸餘有二百四十寸於一斗五升之積餘有三寸不盡是壺徑八寸有餘乃得盡也今檢鄭之文注之意以二斗整數計之不取經文斗五升之義故云圜周二尺七寸有奇今筭者以其二尺七寸之圜必受斗五升之物數不相會也云壺體腹之上下各漸減殺苟欲望合恐非鄭意

魯令弟子辭曰毋幠毋敖毋偝立毋踰言偝立踰言有常爵薛令弟子辭曰毋幠毋敖毋偝立毋踰言若是者

浮 弟子賔黨主黨年穉者也爲其立堂下相褻慢司射戒令之記魯薛者禮衰華異不知孰是也憮敖慢也偝者
不正鄉前也踰言遠談語也常爵常所以罰人之爵也浮亦
謂是也晏子春秋曰酌者奉觴而進曰君令浮晏子時以罰
梁丘據浮或作匏或作符踰或爲遥○憮好吾反下同敖也
敖五報反又五羔反下同敖慢也偝音佩徐符代反舊又薛
敗反浮音縛謀反罰也穉音直吏反爲音于僞 爵偝令弟
反鄉許亮反據本又作處同音据匏薄交反 〔疏〕子辭曰
至若是者浮○正義曰此一篇是周公正經而有魯薛之事
者録記之人以周衰之後魯之與薛有當時投壺號令弟子
之異未知孰是故因以記之也○毋憮毋敖者憮亦敖也號
令弟子云毋得憮而敖慢也○毋偝立毋踰言偝立踰言有
常爵者毋偝立謂不正面前毋得踰言謂遠相談話若偝立
踰言有常刑之罰爵也若是者浮浮亦罰也薛令弟子辭曰
若如是偝立踰言者則有浮罰之爵薛令弟子異於魯者其
魯令弟子則稱偝立踰言有常爵薛令弟子則總稱若是者
浮浮亦罰也其言辭詳略雖異其意則同○注晏子至丘據
○正義曰引晏子春秋者證浮是罰爵之義故小爾雅云浮
罰也 鼓。○□○○□□○□○○□半。○□○□○○○□

□○□○魯鼓○□○○○□□○□○○□□○□○

○□□○半○□○○○□□○薛鼓此魯薛擊鼓之節也圓者擊鼙方者擊鼓古者舉事鼓各有節聞其節則知其事矣○圜音圓鼙薄迷反鄭呼爲鼙也其聲下其音榻榻然榻音吐臘反□方鼓鄭呼爲鼓也其聲高其音鏜鏜然鏜音吐郎反

取半以下爲投壺禮盡用之爲射禮投壺之鼓半射節者投壺射之細也射謂燕射

司射庭長及冠士立者皆屬賓黨樂人及使者童子皆屬主黨庭長司正也使者主人所使薦羞者樂人國子能爲樂者此皆與於投壺○長丁丈反注同冠古亂反與音預

魯鼓○□○○□□○○半○□○○□○○○○○□

○□○薛鼓○□○○○□○□○□○○□○□

○○□○半○□○□○○○○□○此二者記兩家之異故兼列之

疏

魯鼓薛鼓○注云此魯薛擊鼓之節也圜者擊鼙方者擊鼓○正義曰以鼓節有圜點有方點故以爲圜者擊鼙方者擊鼓若頻有圜點則頻擊鼙聲每一圜點則一擊鼙聲若頻有方點則頻擊鼓聲也但記者因魯薛擊鼓之異圖而記之但年代久遠無以知其得失○注射謂燕射○正義曰以此射與投壺相對用半鼓節爲投壺用全鼓節爲射禮又投壺在室在堂是燕樂之事故知此射亦謂燕射非大射及鄉射也○注庭長至投壺○正義曰經云司射庭長案鄉飲酒將旅之時使相爲司正在庭中立于觶南北面察飲酒不如儀者故知庭長司正也冠士者謂外人來觀投壺成人加冠之士尊之故令屬賓黨若童子賤則屬主黨也云樂人國子能爲樂者以國子習樂故云國子能爲樂者欲明此樂人非瞽矇視瞭之徒以其能與主人之黨而觀禮故知非作樂瞽人也案國子是王子公卿大夫元士之子今來觀樂士大夫投壺者以國之俊選皆在學習樂共士子來觀投壺非謂一皆是王子及公卿大夫之子也云此皆與於投壺者鄭恐但來觀其禮不觀投壺經既云屬賓黨主黨則是入賓主之朋故云與於投壺也

附釋音禮記注疏卷第五十八

南昌盧氏宣旬校定

清嘉慶二十年重栞
用文選樓藏本校定

江西南昌府學栞

禮記注疏卷五十八挍勘記　阮元撰盧宣旬摘錄

附釋音禮記注疏卷第五十八　惠棟挍宋本禮記正義卷第六十五

三年問第三十八

三年之喪何也節

三年至也哉　惠棟挍宋本無此五字

故稱其痛情而立三年之文　閩監本同毛本痛作病

則孝子送死之情何時得已　閩監本同毛本送誤道

凡生天地之閒者節

蹢躅焉踟蹰焉　各本同石經闕釋文躅作躅踟作踶云字或作踟嘉靖本誤作蜘蟵

凡生至不窮　惠棟挍宋本無此五字

將由夫脩飾之君子與節

將由夫脩飾之君子與 閩監本石經岳本嘉靖本同毛本脩作修衞氏集說同

將由至窮也 惠棟挍宋本無此五字

然則何以至期也節

雖至親皆期而除也 閩監毛本岳本嘉靖本衞氏集說同惠棟挍宋本至作在段玉裁云荀子注引亦作至

然則至之也 惠棟挍宋本無此五字

及父在爲母但以期也 閩監毛本同惠棟挍宋本以作一

由九月以下節 惠棟云由九月節宋本分故三年之喪以下另爲一節

前世行之久矣 惠棟挍宋本作之岳本嘉靖本衞氏集說同考文引古本足利本同此本之誤良閩

監毛本同宋監本亦作之矣作也

由九至盡矣　惠棟挍宋本無此五字

旣法天地與人　惠棟挍宋本同閩監毛本法上衍取字

深衣第三十九

故喪服儀云也　閩監毛本同衛氏集說同浦鏜儀改傳是

古者深衣節

鉤讀如鳥喙必鉤之鉤　閩監本岳本嘉靖本同毛本鳥誤烏衛氏集說喙誤啄釋文出烏喙

齊緝　閩監毛本岳本嘉靖本同考文引古本緝下有也字衛氏集說同釋文出緝也

或低或仰　閩本岳本嘉靖本衛氏集說同考文引古本監毛本仰作卬惠棟挍宋本或仰作若仰宋監本同六經正誤下或亦作若釋文出若卬云本又作仰○按卬與仰音同義近故古多互用

三十以下無父稱孤　閩監毛本岳本嘉靖本衛氏集說同惠棟挍宋本以作已考文引古本同

古者至篇末　惠棟挍宋本無此五字

又袂之長短反詘之及肘者　閩監毛本同惠棟挍宋本無又字衛氏集說同

經言純袂恐口外更緣　閩監毛本同惠棟挍宋本無恐字○案自奔喪第三十四盡此篇宋監本禮記卷第十八經三千六百三十八字注三千四百八十八字嘉靖本禮記卷第十八經三千六百三十四字注三千七百五字

## 投壺第四十

投壺之禮節

既脫屨升堂主人乃請投壺也　衛氏集說同閩監毛本嘉靖本堂作坐岳本同

敢固以請賓曰某既賜矣　閩監毛本石經岳本嘉靖本衛氏集說同盧文弨云大戴無固字是

觀注則此處亦不當有

投壺至敬從　惠棟挍宋本無此五字

西面奉持其矢　惠棟挍宋本作持衛氏集說同此本持誤柱閩監毛本持誤挂各本西字同山井鼎云宋板西作南案南字非也下云知西面者以賓在西故知西西面對賓也是無南字義也

知既脫屨升堂主人乃請投壺也者　閩監毛本堂作坐下亦在脫屨升堂之後同衛氏集說亦作脫屨升堂

司射進節

執八筭興　閩監本石經岳本嘉靖本同毛本筭作算下並同衛氏集說唯此筭作算下並作筭釋文出八筭云下皆同。按筭籌字與算數字有別說文云从竹从弄言常弄乃不誤也

司射至筭興　惠棟挍宋本無此五字

是各隨光明處也閩監毛本同惠棟挍宋本處作故衞氏集說同

反還西階上位惠棟挍宋本作反衞氏集說同此本反誤更閩監毛本同

請賓曰順投爲八節

請爲勝者立馬一馬從二馬各本同石經同釋文出勝者立馬云俗本或此句下有一馬從二馬五字誤正義云定本無此一句今大戴記亦無此一馬從二馬五字孫志祖云鄭注一馬從二馬之義在下文疑此處無此五字也

請賓至如之惠棟挍宋本無此五字

卒投節

卒投至右鈞惠棟挍宋本無此五字

則別而取之○一筭爲奇者一筭閩監本同毛本○誤倒在一筭爲奇者下

謂揔歛地之筭 閩監毛本同衞氏集說同惠棟挍宋本斂作歛

命酌曰節

請行觴 惠棟挍宋本石經岳本嘉靖本同閩監毛本觴作觴衞氏集說同釋文出行觴云字或作觴此本下奉觴又作觴岐出惠棟挍宋本石經岳本並作奉觴三本及集說並作奉觴。按觴觴正俗字

酌者亦酌奠於豐上 閩監毛本岳本嘉靖本同衞氏集說亦酌作升酌

命酌至敬養 惠棟挍宋本無此五字

正爵既行節 惠棟云正爵節宋本分正爵既行請徹馬爲一節

當其所釋筭之前三立馬者 惠棟挍宋本岳本嘉靖本衞氏集說同閩監毛本之前誤時也

一黨不必三勝 惠棟挍宋本岳本嘉靖本衞氏集說同閩監毛本必誤得

正爵至徹馬　惠棟按宋本無此五字

以投壺射之類故知亦三番而止　惠棟按宋本同閩監毛本之類故誤禮觀之

乃數筭飲不勝者　惠棟按宋本同閩監毛本數誤釋衞氏集說同

乃釋筭飲罰爵　惠棟按宋本同衞氏集說同閩監毛本罰爵誤卒觶

云三者一黨不必三勝者　惠棟按宋本同閩監毛本必誤得

黨中不必三番得勝　惠棟按宋本同閩監毛本必誤能

謂三耦投壺而止　閩監毛本同惠棟按宋本耦作偶下同。按作偶非也

筭多少視其坐節

壺去席二矢半　閩監本石經岳本嘉靖本衞氏集說同考文引古本足利本同毛本矢誤尺

得圜囷之象積三百二十四寸也閩監毛本岳本嘉靖本衞氏集說同宋本三作七惠棟云宋本七字誤

或言去其皮節惠棟按宋本宋監本岳本嘉靖本衞氏集說同考文引古本同閩監毛本言去其皮誤以揀取無

筭多至其皮惠棟按宋本無此五字

明筭及矢長短之數又明壺之大小惠棟按宋本同衞氏集說同閩監毛本之數又明誤多少并言

此亦正篇之後記者之言也惠棟按宋本同衞氏集說同閩監毛本後記者之誤意彼以正

繼之於下筭多少視其坐者惠棟按宋本同閩監毛本於下筭誤○筭之

每人四矢人別四筭也　惠棟校宋本同閩監毛本人別誤亦人

從整數計　閩監本同毛本計誤記

鄭之此計據一斗之數　閩監毛本同惠棟校宋本一作二衞氏集說同

四分寸之三於二斗之積　閩監本同衞氏集說同毛本三作二

故云圜周二十七寸有奇　閩監毛本同衞氏集說同惠棟校宋本十作尺

魯令弟子辭曰節

毋幠　閩監毛本石經岳本衞氏集說同釋文幠作憮嘉靖本同案字當從巾作幠從心作憮者誤也下毋幠同

毋偝立　各本同石經同毛本立誤力

記曾薛者　惠棟校宋本作記宋監本岳本嘉靖本同考文引古本同此本記誤謂閩監毛本同衞氏集說誤詞

魯令弟子辭曰至若是者浮　惠棟挍宋本無此十一字

毋得踰言謂遠相談話字　閩監毛本同惠棟挍宋本無得字

鼓節

皷　閩監本作鼓石經岳本嘉靖本衛氏集說同毛本作鼓下鼓字並同。按鼓从壴从支从皮从攴皆俗誤也段玉裁云說文弓部弢下云从弓从屮屮垂飾與鼓同意則鼓之从屮憭然矣毛本注疏凡鼓字並從屮甚是

薛皷　薛字各本並同岳本作辥下同

此魯薛擊皷之節也　閩監本岳本嘉靖本衛氏集說亦作節毛本節誤爵

半○□○○□　閩監毛本同石經無第四○作半○□○□岳本同衛氏集說同通解同考文引足利本同石經考文提要引南宋巾箱本同

魯皷薛皷○注云此魯薛擊皷之節也圜者擊鼙方者

擊鼓 閩監毛本同惠棟校宋本無此廿三字

但年代久遠 閩監本同惠棟校宋本久作大

又投壺在室在堂是燕樂之事 閩本同惠棟校宋本同衛氏集說同監毛本燕樂誤樂禮

非謂一皆是王子及公卿大夫之子也 閩監本同毛本下子誤士

附釋音禮記注疏卷第五十八 惠棟校宋本禮記正義卷第六十五終記凡二十二頁

禮記注疏卷五十八校勘記

附釋音禮記注疏卷第五十九



儒行第四十一○陸曰行音下孟反鄭云以其記有道德之所行儒之言優也和也言能安人能服人也此注云儒行之作蓋孔子自衞初反魯之時也〔疏〕正義曰案鄭目錄云名曰儒行者以其記有道德者所行也儒之言優也柔也能安人能服人又儒者濡也以先王之道能濡其身此於別錄屬通論案下文云儒有過失可微辨而不可面數博猛引重不程勇力此皆剛猛得爲儒者但儒行不同或以遜讓爲儒或以剛猛爲儒其與人交接常能優柔故以儒表名

禮記　鄭氏注　孔穎達疏

魯哀公問於孔子曰夫子之服其儒服與哀公館孔子見其服與士大夫異又與庶人不同疑爲儒服而問之○服與音餘孔子對曰丘少居魯衣逢掖之衣長居宋冠章甫之冠丘聞之也君子之學也博其服也鄉丘不知儒服

逢猶大也大掖之衣大袂禪衣也此君子有道藝者所衣也孔子生魯長而之宋而冠焉宋其祖所出也衣少所居之服冠長所居之冠是之謂鄉言不知儒服非哀公意不在於儒乃今問其服庶人禪衣袂二尺二寸袪尺二寸○少詩照反注同衣於既反注所衣也衣少所居同逢掖上如字下音亦長丁丈反注同冠章古亂反注而冠長所居同章甫殷冠也單衣本亦作禪音丹袪去居反

哀公曰敢問儒行孔子對曰遽數之不能終其物悉數之乃留更僕未可終也

遽猶卒也物猶事也留久也僕大僕也君燕朝則正位掌擯相更之者爲久將倦使之相代○行下孟反下力行同遽其據反急也數色主反下同更古衡反代也注同一音加孟反卒七忽反大音泰朝直遙反擯必愼反相息亮反爲下僞反下爲孔子同

哀公命席

爲孔子布席於堂與之坐也君適其臣升自阼階所在如主

孔子侍曰儒有席上之珍以待聘夙夜強學以待問懷忠信以待舉力行以待取其自立

有如此者席猶鋪陳也鋪陳往古堯舜之善道以待見問也大問曰聘舉見舉用也取進取位也○強居兩反又如字下同儒有衣冠中動作慎其大讓如慢

小讓如偽大則如威小則如愧其難進而易退也粥粥若無能也其容貌有如此者中中間謂不嚴厲也如慢如偽言之不愊怛也如威如愧如有所畏○慢音僈易以豉反下險易同粥徐本作鬻章六反卑謙貌一音羊六反愊普力反一音逼謂愊怛也怛丹達反驚怛也本或作恨者非儒有居處齊難

其坐起恭敬言必先信行必中正道塗不爭險易之利冬夏不爭陰陽之和愛其死以有待也養其身以有為也其備豫有如此者齊難齊莊可畏難也行不爭道止不選處所以遠鬬訟○齊側皆反注同難乃旦反注同行皇如字舊下孟反夏戶嫁反為于

僞反處昌慮反遠于萬反儒有不寶金玉而忠信以爲寶不祈土地立義以爲土地不祈多積多文以爲富難得而易祿也易祿而難畜也非時不見不亦難得乎非義不合不亦難畜乎先勞而後祿不亦易祿乎其近人有如此者祈猶求也立義以爲土地以義自居也難畜難以非義久留也勞猶事也積或爲貨○積子賜反又如字易以豉反又如字畜許六反見賢遍反近附近之近下可近同儒有委之以貨財淹之以樂好見利不虧其義劫之以衆沮之以兵見死不更其守鷙蟲攫搏不程勇者引重鼎不程其力往者不悔來者不豫過言不再流言不極不斷

其威不習其謀其特立有如此者淹謂浸漬之劫劫脅也沮謂恐怖之也鷙蟲猛鳥猛獸也字從鳥鷙省聲也程猶量也重鼎大鼎也搏猛引重不量勇力堪之與否當之則往也雖有負者從不悔也其所未見亦不豫備乎行自若也不再猶不更也不極不問所從出也不斷其威常可畏也不習其謀口及則言不豫其說而順也斷或爲繼○淹於廉反樂五孝反又音岳好呼報反劫居業反沮在呂反注同鷙與摯同音至攫俱縛反一音九碧反搏音博程音呈斷音短直卯反絶也又丁亂反注同浸子鴆反漬才賜反脅許劫反恐曲勇反怖普路反省所景反量音亮又音良下同更居孟反

疏 魯哀公問於孔子者言夫子自衞反魯哀公館於孔子問以儒行之事記者錄之以爲儒行之篇孔子說儒凡十七條其從上以來至下十五條皆明賢人之儒其第十六條明聖人之儒包上十五條賢人儒也其十七條之儒是夫子自謂也今此一節明哀公至孔子之家見孔子衣服之異疑其儒服遂問儒行爲孔子命席方說儒行之事也○君子之學也博者言徧知今古之事也○其服也鄉者其冠服須依所居之鄉也○曰不知儒服者不知猶不識也言我所服但依其鄉之服不知儒服言此者譏哀公意不在儒欲侮笑其服故

以此言非之○注逢猶至二寸○正義曰謂逢猶盛大之貌詩云維柞之枝其葉蓬蓬是逢爲盛大之貌也云大掖之衣大袂禪衣也者掖謂肘掖之所寛大故云大袂禪衣也禮大夫以上其服侈袂鄭注司服云侈之者半而益一袂三尺三寸袪尺八寸朝祭之服必表裏不禪也孔子若依尋常侈袂服則哀公無由怪之以其大袂禪衣異於士大夫常服故問之云非哀公意不在於儒者今若在儒孔子新來則應問以儒行今乃問其服是意欲侮戲夫子故下文云不敢以儒爲戲明此時意以爲戲也云庶人禪衣袂二尺二寸者庶人無朝祭之事故知禪衣袂二尺二寸云袪尺二寸者玉藻文言深衣之制如此今夫子著禪衣與庶人同其袂大與庶人異故謂衣爲逢掖也則此大袂深衣也長居宋冠章甫之冠言夫子生於魯長於宋魯有大袂禪衣宋有章甫之冠故知大袂之衣是少所居之服也章甫之冠是長所居之冠案曲禮云去國三世唯興之日從新國之法孔子曾祖防叔防叔生木金木金生伯夏伯夏生梁紇梁紇生孔子防叔奔魯至孔予五出應從魯冠而猶著殷章甫冠者以立○爲制法之主故有異於人所行之事多用殷禮不與尋常同也且曲禮從新國之法祇謂禮儀法用未必衣服盡從也禮臣朝於君應著朝服而著常服者時孔子自衛新還哀公館之非是常朝故

衣冠異也遽數之不能終其物者遽卒也數説也終盡也物事也孔子荅言儒行深遠非可造次若急而説則不能盡事也。悉數之乃留更僕未可終也者留久也若委細悉説之則乃大久也更僕者更代也僕大僕也君燕朝則大僕正位掌擯相也言若委細悉説之則大久僕侍疲倦宜更代之未可終也若不代僕則事未可盡也。哀公命席者哀公既聞孔子所荅稱儒行不敢造次而盡故命掌筵者爲夫子布席也故注云爲孔子布席於堂與之坐也君適其臣升自阼階所在如主。孔子侍者此一經明孔子侍坐於哀公説儒行修立已身終始之事。儒有席上之珍以待聘者席猶鋪陳也珍謂美善之道言儒能鋪陳上古堯舜美善之道以待君上聘召也盧云儒是侍坐席之珍可重也此經論儒者自學修飾立身之事不應直云席上之珍可重故鄭不從也。力行以待取者言已修身勵力行之擬待進取榮位也其自立有如此者謂自修立已身有如此行在上之諸事也。儒有衣冠中者此明儒者容貌之事儒有衣冠中者中間言儒者所服衣冠在尋常人之中間不嚴勵自異也動作慎者謂舉動與作恒謹慎也。其大讓如慢謂有人以大物與已已之讓此大物之時辭貌寬緩如傲慢然。小讓如僞者言讓其小物如似詐僞亦謂寬緩不急切也言儒不以利動也。大則如威者言有大事之時形貌則如似有所畏懼也。小則如愧者言行小事之時則如似有所慙愧如威如愧皆謂重慎自貶損。粥粥若無能也者粥粥是柔弱專愚之貌言形貌粥粥然如無所能也。注中中至所畏。正義曰中中間者言儒者衣冠在常人中間則孔子逢掖之衣是也云如慢如僞言之不愊怛也者愊怛謂急促之意言語之時不愊怛切急如似慢然如似僞然庾氏云讓大物不受拒於人急如似傲慢讓小物之時初讓後受如似僞然與注意不合非鄭旨也。儒有居處齊難者此明儒者先以善道豫防備患難之事。居處齊難者凡所居處容貌齊莊可畏難也貌既如此人則無由慢之也。道塗不爭險易之利者塗路也君子行道路不與人爭平易之地而避險阻以利已也。冬夏不爭陰陽之和者冬溫夏涼是陰陽之和處冬日暖處則暄夏日陰處則涼此並爲世人所競唯儒者讓而不爭也故注云行不爭道止不選處所以遠鬬訟也。愛其死以有待也者此解不爭也言愛死以待明時養其身以有爲也者言養身爲行道德也。其豫備有如此者言儒者先行善道豫防患害有如此在諸事上也儒有不寶金玉而忠信以爲寶者此解經明儒者懷忠信仁義之事也。儒有不寶金玉而忠信以爲寶者言儒懷忠信仁義以與人交不貪金玉利祿以與人競人則親而近之○不祈土地立義以爲土地者言儒者祈土之福以義自居故云以爲土地○不祈多積多文以爲富者積積聚財物也儒以多學文章技藝爲富不求財積以利其身也○難得而易祿也非道之世則不仕是難得也先事後食是易祿也○易祿而難畜也者無義則去是難畜也○非時不見不亦難得乎者非時謂非明時則不見是不亦難得乎○非義不合不亦難畜乎者君有義而與之合無義則去是難畜也○其近人有如此者言儒者親近於人有如此在上之諸事也○儒有委之以貨財者此明儒者之行有異於衆挺特而立不與同羣之事○儒有委之以貨財淹之以樂好者言儒者之行人或委聚之以貨財謂多以貨財委之淹之以樂好謂他人淹漬之以愛樂華好之事言以愛樂玩好浸漬之也○見利不虧其義者謂儒者執持操行雖見貨財樂好之利不虧損已之義事苟且而愛也刼之以衆沮之以兵者謂他人刼脅以軍衆沮恐之以兵刃也○見死不更其守者言儒者雖見刼見沮以致於死終不更改其所守之志而苟從之免死也○鷙蟲攫搏不程勇者言儒者若逢鷙猛之蟲則身自攫搏不程量武勇堪當以否遇即行也○引重鼎不程其力者言引重鼎不豫前商量已力堪引以否言見則引之此攫搏引鼎喻艱難之事言儒者見艱難之事遇

則行之不豫度量也此實暴虎之事而得爲儒者孔子此言雖託儒爲事其實自逃也若春秋夾谷之會孔子欲斬齊之優儒是也案定十年公與齊侯會於夾谷之地於時孔子爲都禮之事齊人欲刼辱魯君孔子使人拒之而又齊人之樂併優及侏儒者於魯幕下弄魯君孔子命誅之斷其手足異門而出齊侯不敢輕魯還汶陽之田及所侵之地並歸於魯是夫子之功儒者亦有勇不避艱難引之者言儒者有勇○往者不悔者言儒者有往過之事雖有敗負不如其意亦不追悔也○來者不豫者謂將來之事其所未見亦不豫前防備言已往及未來平行自若也○過言不再者再更也言儒者有愆過之言不再爲之○流言不極者極謂窮極若聞流傳之言不窮其根本所從出處也言儒者識慮深遠聞之則解故不窮極其所出也○不斷其威者斷絕也言儒者不斷絕其威嚴容止常可畏也○不習其謀者逢事則謀不豫習也○其特立有如此者言餘人不能唯儒者獨能特立有如此之行也○注淹謂至順也○正義曰淹謂浸漬之也言樂好之事民之所嗜易以溺人云淹之樂好故知淹爲浸漬也云沮謂恐怖之也以沮謂敗壞於人是恐怖之也俗本沮或爲阻字謂阻難之事云鷙蟲猛鳥猛獸也者蟲是鳥獸通名故爲猛鳥猛獸云字從鳥鷙省聲也者言鷙蟲既是猛鳥猛

獸但獸摯從執下著手鳥鷙從執下著鳥今鷙包兩義以獸鷙從鳥故云省也執下著鳥執下著手俱是鷙聲故云聲也但以脚取之謂之攫以翼擊之謂之搏云雖有負者亦不悔也者身行往過之事雖有負敗不追悔也云平行自若者若如也言雖有負敗及未見之事不恥愧憂慮但平常而行志意自如也云不習其謀口及則言不豫其說而順也者口及則言謂口及其事則言論謀度之不豫前備其言說而順從所謀之也

儒有可親而不可劫也可近而不可迫也可殺而不可辱也其居處不淫其飲食不溽其過失可微辨而不可面數也其剛毅有如此者淫謂傾邪也慾滋味爲溽溽之言欲也○溽音辱數所具反毅魚既反邪似嗟反

【疏】儒有至此者○此明儒有剛毅之事居處不淫者淫謂傾邪也言儒者性既剛毅故居處不傾邪也○飲食不溽者溽之言欲也即濃厚也言儒性既剛毅故飲食常質不濃厚也○其剛毅有如此者言儒者其剛強嚴毅有如此諸事

儒有忠信以爲甲胄禮

義以爲干櫓戴仁而行抱義而處雖有暴政
不更其所其自立有如此者甲鎧冑兜鍪也干櫓小楯大楯也○冑直
又反櫓音魯戴音戴本亦作戴鎧開代反兜丁侯反鍪莫侯反小楯時準反又音允徐辭尹反【疏】儒有忠信至此
者○此明儒者自立之事也○忠信以爲甲冑注云甲鎧冑兜鍪也干櫓小楯也大盾也甲冑干櫓所以禦其患難儒者
以忠信禮義亦禦其患難謂有忠信禮義則人不敢侵侮也○戴仁而行仁之盛○抱義而處義不離身○雖有暴政不
更其所者更改也不改其志操迴然自成立也○雖與前自立文同其意異於上也其自立有如此者初第一儒言自立
者謂強學力行而自修立也此經自立者謂獨懷仁義忠信也儒有一畝之宮環堵
之室篳門圭窬蓬戶甕牖易衣而出并日而
食上荅之不敢以疑上不荅不敢以諂其仕
有如此者言貧窮屈道仕爲小官也宮爲牆垣也環堵面一堵也五版爲堵五堵爲雉篳門荆竹織

門也圭窬門旁窬也穿牆爲之如圭矣并日而食二日用一日食也上荅之謂君應用其言○堵音覩方丈爲堵篳徐音畢杜預云柴門也圭窬徐音豆說文云穿木戶也郭璞玉蒼解詁云門旁小窬也音臾左傳作竇杜預云圭竇小戶也上銳下方狀如圭形也蓬步紅反蓬戶以蓬爲戶也甕烏貢反牖音酉以甕爲牖并必政反注同日而一反謟本又作讇勑檢反穿音川應應對之應

**疏**

儒有一畝之宮至此者○此明儒者仕宦能自執其操也儒有一畝之宮者一畝謂徑一步長百步爲畝若折而方之則東西南北各十步爲宅也牆方六丈故云一畝之宮宮謂牆垣也環堵之室者環謂周迴也東西南北唯一堵○篳門圭窬篳門謂以荊竹織門也杜氏云柴門也圭窬門旁窬也穿牆爲之如圭矣故云圭窬說文云穿木爲戶左傳作竇謂門旁小戶也上銳下方狀如圭也○蓬戶甕牖者蓬戶謂編蓬爲戶又以蓬塞門謂之蓬戶甕牖者謂牖牕圓如甕口也又云以敗甕口爲牖○易衣而出者王云更相衣而後可以出如王之意是合家共一衣故言出更著之也○并日而食者謂不日日得食或三日二日并得一日之食故注云二日用一日食也○上荅之不敢以疑者上君也荅之謂已有言語君應荅而用之不敢以疑謂已決竭心力不敢疑貳於君也亦謂雖被信任用不敢

猜疑於君上也言儒者仕官盡忠○上不荅不敢以諂者已有言語而君不用及不見使則已宜靜嘿不敢諂媚求進也○注貧窮至爲雉○正義曰貧窮屈道仕爲小官也者以經云其仕有如此者是仕官之人今乃篳門圭窬仕爲小官儒有大德而仕小官故知貧窮屈道也云五版爲堵五堵爲雉者定十二年公羊傳文引之者證堵之大小高一丈長三丈爲雉

儒有今人與居古人與稽今世行之後世以爲楷適弗逢世上弗援下弗推讒諂之民有比黨而危之者身可危也而志不可奪也雖危起居竟信其志猶將不忘百姓之病也其憂思有如此者稽猶合也古人與合則不合於今人也援猶引也取也推猶進也舉也危欲毀害之也起居猶舉事動作信讀如屈伸之伸假借字也猶圖也信或爲身○稽古奚反注同楷苦駭反法式也援音袁注下同推昌誰反注同讒仕咸反比毗悲反徐扶至反信依注爲伸音申思息嗣反

疏 儒有今人至此

者。此明儒者雖身不居明代猶能憂思愛及於人之事也。今人與居古人與稽者言儒與今世小人共居住與古人之君子意合同也今世行之後世以爲楷者楷法式也言儒者行事以爲後世楷模法式。適弗逢世者適之也謂己之生於澆薄之時不逢明世也。上弗援者援引也取也既不逢明時又不爲君上之所引取也。下弗推者下謂民人也謂進舉也言身在下不遇之時又不爲民下所薦舉也。讒諂之民有比黨而危之者危謂毀害也既不爲君所引又不爲民所薦唯有讒諂之民其羣黨連比共危亡已者也身可危也而志不可奪也者言身乃可危而心志不可變奪也故論語云守死善道是也。雖危起居竟信其志者起居猶舉動也竟終也信讀爲伸雖比黨之民共危己而行事舉動猶能終伸我己之志操不變易也。猶將不忘百姓之病也者猶圖也身雖不遇其世所圖謀不忘百姓之所憂病也言常念之也其憂思有如此此謂儒者身雖不遇猶能憂思於人有如在上之事也。注信讀如屈伸之伸假借字也。正義曰此是信字義當如舒伸之伸但古之字皆假借此信字以爲屈伸之伸也

儒有博學而不窮篤行而不倦幽居而不淫上通而不困禮

之以和爲貴忠信之美優游之法舉賢而容衆毁方而瓦合其寬裕有如此者不窮不止也幽居謂獨處時也上通謂仕道達於君也旣仕則不困於道德不足也忠信之美美忠信者也優游之法法和柔者也毁方而瓦合去已之大圭角下與衆人小合也必瓦合者亦君子爲道不遠人○行下孟反上時掌反又如字注同裕羊樹反去起呂反遠于萬反又如字

【疏】儒有博學至此者○此明儒有寬裕之事○博學而不窮者謂廣博學問而不窮止○篤行而不倦者篤猶純也又有純壹之行而行之不疲倦也○幽居而不淫者幽居謂未仕獨處也淫謂傾邪也君子雖復隱處常自脩整不傾邪也○上通而不困者上通謂身得通達於君有道德被用也不困謂旣在其位必行其正使德位相稱不爲困弊不足也以儒德之備也○禮之以和爲貴者禮以體別爲理人用之當患於貴賤有隔尊卑不親儒者用之則貴賤有禮而無間隔故云以和爲貴也○忠信之美者見人有忠信則已美之○優游之法者優柔者和柔也見人和軟則已法之○慕賢而容衆者以見賢思齊是慕賢也汎愛一切是容衆也○毁方而瓦合者方謂物之方正有圭角

鋒鍔也瓦合謂瓦器破而相合也言儒者身雖方正毀屈己之方正下同凡衆如破去圭角與瓦器相合也○注不窮至遠人○正義曰不窮不止也者恐爲困窮故云不止謂不窮已云幽居謂獨處時也者既未仕對已仕者爲獨處也云去已之大圭角下與衆人小合也者圭角謂圭之鋒鍔有楞角言儒者身恒方正若物有圭角不欲異衆過甚去其大圭角言猶有小圭角也下與衆人小合儒者不與衆人之合亦於細碎小事而相合也則大義之事不皆合也云必瓦合者亦君子爲道不遠人者言儒者必須瓦合爲屈己同凡亦是君子爲道不遠離於人與常人小合若破圭角與瓦之相合故云不遠人也皇氏云毀己之圭角與瓦礫而相合義亦通也

儒有內稱不辟親外舉不辟怨程功積事推賢而進達之不望其報君得其志苟利國家不求富貴其舉賢援能有如此者　君得其志者君所欲爲賢臣成之○辟音避下同怨於元反又於願反推賢而進達之舊至此絕句皇以達之連下爲句

(疏)儒有內稱至此者○此明儒者舉賢能之事○儒有內稱不避親者稱舉

也不辟親舉人以理若祁奚舉子祁午是不辟親○外舉不辟怨者若祁奚舉讎人解狐也按襄三年左傳云祁奚請老致仕晉侯問嗣焉稱解狐其讎也將立之而卒又問焉對曰午也可稱其讎不爲諂立其子不爲比但審知其賢故不辟也○程功積事推賢而進達之舊至此絶句皇氏以達之連下爲句言儒者欲舉人之時必程效其功積累其事知其事堪可乃推而進達之不妄舉人也○不望其報者言雖進達賢人於君不求望其報也○君得其志苟利國家不求富貴者君得其志者謂君任此儒者輔助其君使君得其志意所欲皆成此儒者推賢達士無所求爲唯苟在利益國家不於身上自求富貴也○其舉賢援能有如此者言儒者進達引能有如此在上諸事也

儒有聞善以相告也見善以相示也爵位相先也患難相死也久相待也遠相致也其任舉有如此者

相先猶相讓也久相待謂其友久在下位不升已則待之乃進也遠相致者謂已得明君而任友在小國不得志則相致遠也○難乃旦反舉如字徐音據

疏 儒有聞善至此者○此明儒者舉任同類之屬前經舉賢援能謂疏遠者

此經任舉謂親近者也○爵位相先也者相先謂相讓言儒者見爵位之事必先相推讓於朋友也○患難相死也儒者有患難相爲致死也久相待也者謂朋友久在下位不升已則待之而乃進也○遠相致也者謂已得明君而仕朋友在小國不同得志則遠相招致其仕明君也○其任舉有如此者謂朋友更相委任舉薦有如此在上諸事

儒有澡身而浴德陳言而伏靜而正之上弗知也麤而翹之又不急爲也不臨深而爲高不加少而爲多世治不輕世亂不沮同弗與異弗非也其特立獨行有如此者麤猶疏也微也君不知已有善言正行則觀色緣事而微翹發其意使知之又必舒而脫脫焉已爲之疾則君納之速君納之速怪妬所由生也不臨深而爲高臨衆不以已位尊自振貴也不加少而爲多謀事不以已小勝自矜大也世治不輕不以賢者並衆不自重愛也世亂不沮不以道衰廢壞已志也○澡音早靜如字徐本作諍音爭麤本又作麁七奴反翹祁饒反治直吏反注同沮徐在呂反注

同行下孟反注及下注同又如字脫並吐外反姤丁路反壞乎怪反又音怪

【疏】儒有澡身至此者○此明儒者殊異於人特立獨行之事○澡身而浴德者澡身謂能澡絜其身不染濁也浴德謂沐浴於德以德自清也○陳言而伏者謂陳設其言而伏聽君命也○靜而正之者謂靜退自居而尋常守正不傾躁也上弗知也謂已有善言正行君上所不知○麤而翹之者麤疏也翹起發也言儒者事君已有善言正行君上既不知當伺候君上顏色因緣有事微疏而起發之令君上得知也○又不急爲也者謂起發之時不急速而爲之也○不臨深而爲高者地既高矣不臨此衆人深下之處更增高大猶言不臨此衆人卑賤處而自尊顯也又臨衆人不以已位高尊而自振貴言儒者卑以自牧不加少而爲多者謂已有謀事少勝不加增少勝自以爲多以矜大也世治不輕者世治之時雖與羣賢並處不自輕也言常自重愛也世亂不沮者沮猶廢壞也言世亂之時道雖不行亦不沮壞已之本志也○同弗與者言儒之仕彼位雖與齊同者行不是善則不與之相親合也○異弗非也謂彼人與已之疏異所爲是善則不非毀之也○其特立獨行有如此者言獨能特立獨有此行如此所云之事也前第五儒既明特立此又云特立獨行者前云特立但明一身勇武不論行之所爲

此經所云非但身所特立又獨有。此行爲獨行故更言特立也○注麤猶至志也○正義曰麤猶疏也微也君不知已有善言正行者釋經文上不知也云則觀色緣事而微翹發其意使知之者釋經麤而翹之也云又必舒而脫脫焉已爲之疾則君納之速君納之速怪妬所由生也者釋經又不急爲也若納已言速疾則被衆人所怪妬所由生也云世治不輕不以賢者並衆不自重愛也者言凡人之情見衆人無知已之獨賢則盡心用力若衆人皆賢或自替廢儒者不以如此恒自重愛也

儒有上不臣天子下不事諸侯慎靜而尚寬强毅以與人博學以知服近文章砥厲廉隅雖分國如錙銖不臣不仕其規爲有如此者强毅以與人彼來辨言行而不正不苟屈以順之也博學以知服不用已之知勝於先世賢知之所言也雖分國如錙銖言君分國以祿之視之輕如錙銖矣八兩曰錙○近附近之近砥音脂又音旨厲力世反分如字錙側其反說文云六銖銖音殊說文云權分十黍之重賢知音智【疏】儒有上不臣天子至此者○此明儒者志操規爲之事

○上不臣天子伯夷叔齊是也下不事諸侯長沮桀溺是也○愼靜而寬者既愼而靜所尚寬緩也强毅以與人者若有人與己辨言行而彼人道不正則己不苟屈從之是用剛毅以與人也○博學以知服者謂廣博學問猶知服畏先代賢人言不以己之博學凌夸前賢也○近文章砥厲廉隅者言儒者習近文章以自磨厲使成己廉隅也○雖分國如錙銖者言君雖分國以祿之視之輕如錙銖不貴重也不臣不仕者謂不與人爲臣不求仕官但自規度所爲之事而行故云其規爲有如此者也○注强毅至曰錙○正義曰强毅以與人彼來辨言行而不正不苟屈以順之也者解經强毅以與人之事謂彼人來至與己辨爭言行而彼人爲道不正己則不苟且屈撓以順從之云不用己之知勝於先世賢知之所言也者解經博學以知服謂不用己之所知勝於先世賢知者之所言服從之也云八兩曰錙者案筭法十黍爲參十參爲銖二十四銖爲兩八兩爲錙

儒有合志同方營道同術並立則樂相下不厭久不相見聞流言不信其行本方立義同而進不同而退其交友有如此

者同方同術等志行也聞流言不信不信其友所行如毁
謗也○並如字又步頂反本亦作竝樂音洛又音岳下
立嫁反厭於豔反行皇音衡又下孟反本方絕句
立義絕句志行下孟反下注儒行同謗補浪反

疏

儒有
合志
至此者○此明儒者與人交友之事○合志同方者方猶法
也言儒者與交友合齊志意而同於法則也○營道同術者
謂經營道藝同齊於術同術則同方也但合志同方據所懷
志意也營道同術據所習道藝也○並立則樂者謂與知友
並齊而立俱同仕官則歡樂也○相下不厭者謂遞相卑下
不厭賤也久不相見聞流言不信者雖有朋友久不相見聞
流謗之言欲譖毁朋友則已不信其言也○其行本方立義
者度氏言其行所本必方正所立必存義也○同而進不同
而退者謂朋友所爲與已同則進而從之若不與已同則退
而避之其交友有如此者言其結交爲朋友有如此在上諸
事也自此以上凡有十五儒所陳之事亦有前後垂異者此
上經云不臣不仕第一儒云席上之珍以待聘夙夜強學以
待問懷忠信以待舉力行以待取則有仕官之志也第十儒
云寬裕第六儒云剛毅與寬裕亦別也第三儒云愛其死養
其身備豫禍患第五儒云劫之以衆沮之以兵見死不更其
守亦不同也如此儒之垂違上下不一略舉一二言也所以

如此不同者言儒包百行事非一揆量事制宜隨機而發當其剛毅之節則守死不移論其營養之道則寬而容衆逢有道之世則進而事君遇無道之時則退而不仕且賢有優爲儒有大小大儒則理包百行小儒則或偏守一邊所以尚書臯陶九德不一德多則爲天子諸侯德少則爲大夫卿士苟達於此儒行亦然雖或不同無所怪也

**温良者仁之本也敬慎者仁之地也寬裕者仁之作也孫接者仁之能也禮節者仁之貌也言談者仁之文也歌樂者仁之和也分散者仁之施也儒皆兼此而有之猶且不敢言仁也其尊讓有如此者**此兼上十有五儒蓋聖人之儒行也孔子嫌若斥已假仁以爲說仁聖之次也○孫音遜接似輒反又如字分方云反徐扶問反施始豉反斥音尺【疏】温良者仁之本至此者○此明聖人之儒兼上十五儒之行亦是孔子嫌其斥已假言仁者之儒以說之○温良者仁之本也者言温良之性是仁之儒行之

本言仁者之儒先從温良而起故云仁之本也○敬愼者仁之地也者亦言仁者之儒以敬愼爲地地所以居止萬物者言仁者之儒亦居止敬愼故云仁之地○寛裕者仁之作也者言儒者之動作必以寛裕故云仁之作也○孫接者仁之能也言孫辭接物是仁儒之技能○禮節者仁之貌也言禮儀撙節是仁儒之外貌○言談者仁之文也言語談説是仁儒之文章也歌樂者仁之和也言歌舞喜樂是仁儒之和悦也○分散者仁之施也言分散蓄積而振貧窮是仁儒之恩施也○儒皆兼此而有之猶且不敢言仁也言儒者既兼有此行猶尚遜讓不敢自謂已仁也○其尊讓有如此者尊謂恭敬讓謂卑謙謂尊敬於物卑讓於人有此之行也此謂聖人之儒但聖人理極不可爲名言仁亞於聖故假仁以論聖人之儒也

儒有不隕穫於貧賤不充詘於富貴不慁君王不累長上不閔有司故曰儒隕穫困迫失志之貌也充詘喜失節之貌慁猶辱也累猶係也閔病也言不爲天子諸侯卿大夫羣吏所困迫而違道孔子自謂也充或爲統閔或爲文○隕于敏反穫本又作獲同戸郭反注同詘求勿反注同徐音丘勿反慁胡困反注同累力僞反注同一音力追反

長丁丈反閔本亦作慜武謹反不爲于僞反今衆人之命儒也妄常以儒相詬病妄之言無也言今世名儒無有常人遭人名爲儒而以儒靳故相戲此哀公輕儒之所由也詬病猶恥辱也○命儒命名也妄鄭音亡亡無也王音忘尙反虛妄也詬詬徐音遘又呼候反靳居覲反杜預云戲而相媿爲靳也孔子至舍哀公館之聞此言也言加信行加義終沒吾世不敢以儒爲戲儒行之作蓋孔子自衛初反魯時也孔子歸至其舍哀公就而。禮館之問儒服而遂問儒行乃始覺焉言沒世不敢以儒爲戲當時服○行加下孟反注同

〔疏〕儒有至曰儒○此明孔子自言已之儒所行如此故繫於諸儒之末也○不隕穫於貧賤者隕穫是困迫失志之貌言已雖遇貧賤不隕穫失志也○不充詘於富貴者充詘是歡喜失節之貌言雖得富貴不歡喜失節○不慁君王者慁辱也言不見慁辱於君王而違道也○不累長上者累猶係也長上謂卿大夫言不以累係於長上而失志也○不閔有司者閔病也有司謂羣吏言儒者不以困病於有司而失常謂不以羣吏所困迫○注閔病至自謂○正義曰

閔病也釋詁文云不爲天子諸侯卿大夫羣吏所困迫而違道者言天子諸侯解經君王也云卿大夫解經長上也羣吏解經有司也案史記孔子世家云在魯哀公不用在齊犂鉏所毀入楚子西所諸適晉趙鞅欲害伐樹於宋削跡於衛畏匡阨陳則身被辱累多矣鄭以其如此故釋云不以恩累閔病而違道云孔子自謂也鄭知者以此一儒在衆儒之末聖人儒後特更說此一條事與孔子相會故知孔子自謂也今衆人之命儒也妄常者此一節明孔子說儒既畢遂言今世賤儒以識哀公也命名也妄無也言今世衆人名之爲儒者無復常人遭人則謂之爲儒以儒相訴病者訴病猶恥辱也言今世以命之爲儒是相恥辱時世如此故哀公輕儒也○注以儒斬故相戲○正義曰在魯莊公十一年宋人戰於乘丘長萬爲魯所獲宋人請之魯人歸之宋公斬之長萬宋大夫也曰始吾敬子今子魯四也吾不敬子矣長萬病之後弑閔公杜云戲而相愧曰斬○孔子至舍哀公館之聞此言也○此經明孔子自衛反魯歸至其家哀公就而館之聞孔子之言遂敬於儒也○言加信行加義者是記所錄也○終沒吾世不敢以儒爲戲者是哀公之言記者遮而錄之○注儒行至時服○正義曰儒行之作蓋孔子自衛初反魯時也案左傳哀十一年冬衛孔文之將攻大叔也訪於仲尼仲尼曰

胡簋之事則常學之矣甲兵之事未之聞也退命駕而行文子遽止之將止魯人以幣名之孔子乃歸以傳文無館事故鄭稱蓋以疑之也云不敢以儒爲戲當時服者以哀公終竟不能用孔子故孔子卒哀公誄之傳云生不能用死而誄之非禮也是終竟輕儒此云不敢以儒爲戲是當時蹔服非久也

附釋音禮記注疏卷第五十九

江西盧宣旬校

嘉慶二十年重刊宋本禮記注疏附校勘記

江西南昌府學栞

# 禮記注疏卷五十九挍勘記　阮元撰盧宣旬摘錄

附釋音禮記注疏卷第五十九　惠棟挍宋本禮記正義卷第六十六

## 儒行第四十一

魯哀公問於孔子曰節　惠棟云魯哀公節哀公節哀公命席節儒有衣冠節居處節不寶金玉節宋本合爲一節案宋本與此本同閩監毛本乃各節提行而疏仍共爲一節

席猶鋪陳也鋪陳往古堯舜之善道以待見問也大問曰聘舉見舉用也取進取位也　惠棟挍宋本如此宋監本岳本嘉靖本衞氏集說同考文引古本同此本多闕閩監毛本意補多誤猶鋪二字脫陳也下衍珍善也三字見問也大問曰聘舉八字誤聘召懷忠信之德以待九字

儒有居處齊難　閩監毛本石經岳本嘉靖本衞氏集說同考文云宋板居處上有其字

沮之以兵各本同石經同釋文出沮之正義云俗本沮或爲阻字考文云古本沮作阻

字從鳥鷙省聲也閩監毛本岳本嘉靖本衛氏集說同案鷙字有誤郭忠恕佩觿云鄭注儒行鷙從鳥摯省聲據此鷙當作摯盧文弨云似當作摯省足利古本鷙下有摯字

孔子若依尋常修袂服閩監毛本同惠棟挍宋本服上有之字衛氏集說同

以立爲制法之主閩監毛本同惠棟挍宋本立作丘

故有異於人所行之事惠棟挍宋本作有異此本有異二字闕閩監毛本有異誤孔子

此明儒者先以善道閩監毛本同惠棟挍宋本者作行

豫防患害惠棟挍宋本作害此本害誤中閩監本害作難毛本同豫誤後

此解經明儒者懷忠信仁義之事也閩監毛本同惠棟挍宋本解作一山井鼎云宋板無仁字衛氏集說作此明儒者懷忠信與義之事

○儒有不寶金玉而忠信以爲寶者　閩監毛本同惠棟挍宋本無此十三字

言儒者祈土之富　惠棟挍宋本作不祈土地之富此本不地二字脫富誤福閩監毛本同

君有義而與之合　閩監毛本同考文引宋板而作則

於時孔子爲都禮之事　閩監本同毛本時誤是齊召南云都禮當爲相禮

而又齊人之樂併優及侏儒者　惠棟挍宋本併作作此本誤併閩監毛本作倂

儒有忠信以爲甲冑節

儒有忠信至此者　惠棟挍宋本無此七字

干櫓小楯也大楯也　閩監毛本同惠棟挍宋本無上也字

儒有一畝之宮節

宮爲牆垣也　惠棟挍宋本爲作謂岳本同衞氏集說同考文引古本同此本誤爲閩監毛本嘉靖本同

定十二年公羊傳文引之者　閩本同惠棟挍宋本同監本引字殘闕毛本引誤攷

儒有今人與居節

儒有今人至此者　惠棟挍宋本無此七字

下謂民人也謂進舉也　惠棟挍宋本人也下有推字此本推字脫閩監毛本同

猶能終伸我己之志操不變易也　閩監毛本同惠棟挍宋本操作謀衞氏集說同

儒有博學而不窮節

儒有博學至此者　惠棟挍宋本無此七字

又有純壹之行　閩監本同毛本有作以

必行其正使德位相稱閩監本同毛本正作政

人用之當患於貴賤有隔閩本同考文引宋板同監毛本當作嘗

下民瓦經如破去圭角惠棟挍宋本瓦經作瓦細閩本瓦字同經字闕監毛本瓦經作凡衆案經字誤細字是下所謂細碎小事而相合也○案凡衆是也此釋注文下與衆人小合也

言猶有小圭角也閩監毛本同惠棟挍宋本猶作獨

儒者不與衆人之合閩本同惠棟挍宋本同監毛本之作大合誤

儒有聞善以相告也節

則相致遠也閩監毛本同岳本遠作達宋監本嘉靖本衛氏集說同考文引古本亦作達

儒有聞善至此者惠棟挍宋本無此七字

儒有澡身而浴德節

怪妬所由生也　閩監本岳本嘉靖本同釋文出怪妬毛本妬作妒下疏並同

儒有澡身至此者　惠棟挍宋本無此七字

者行不是善　閩監毛本同惠棟挍宋本者作若

又獨有此行爲獨行　閩監毛本同惠棟挍宋本有作行

儒有上不臣天子節

愼靜而尚寬　閩監毛本岳本嘉靖本衞氏集說同石經無而字山井鼎云宋板無尚字疏放此

儒有上不臣天子至此者　惠棟挍宋本無此十字

淩夸前賢也　閩監毛本同考文引宋板夸作跨衞氏集說同

十黍爲參十參爲銖　閩監毛本同段玉裁挍本參改絫

儒有合志同方節

並立則樂　閩監本石經嘉靖本衛氏集說同考文引古本足利本同毛本並作竝岳本同釋文出竝立云本亦作竝

儒有合志至此者　惠棟挍宋本無此七字

且賢有優爲儒有大小　閩本同監本爲誤另毛本爲作劣

溫良者節

儒皆兼此而有之　閩本石經惠棟挍宋本宋監本岳本嘉靖本同監毛本皆誤者衛氏集說同

此兼上十有五儒　閩監毛本岳本嘉靖本衛氏集說同惠棟挍宋本無有字宋監本同

溫良至此者　惠棟挍宋本無此五字

是仁之儒行之本　閩監毛本同惠棟挍宋本仁下有者字

讓謂卑謙　惠棟挍宋本讓作謙此本謙誤讓閩監毛本同

儒有不隕穫於貧賤節

充詘喜失節之貌 閩本惠棟挍宋本岳本嘉靖本同監毛本喜上有歡字衛氏集說宋監本同與正義合

累猶係也 岳本嘉靖本衛氏集說同閩監毛本係作繫山井鼎云宋板繫作係疏同

哀公就而禮館之 閩監毛本岳本嘉靖本同惠棟挍宋本而下有以字宋監本衛氏集說同考文引古本同

儒有至曰儒 惠棟挍宋本無此五字

儒行至時服 惠棟挍宋本無時字

案左傳哀十一年冬衛孔文之將攻大叔也 閩監毛本同惠棟挍宋本哀下有公字文下有子字

止

附釋音禮記注疏卷第六十

大學第四十二 ○陸曰鄭云大學者以其記博學可以爲政也 疏 正義曰案鄭目錄云名曰大學者以其記博學可以爲政也此於別錄屬通論此大學之篇論學成之事能治其國章明其德於天下却本明德所由先從誠意爲始○

禮記 鄭氏注 孔穎達疏

大學之道在明明德在親民在止於至善知止而后有定定而后能靜靜而后能安安而后能慮慮而后能得物有本末事有終始知所先後則近道矣明明德謂顯明其至德也止猶自處也得謂得事之宜也○大舊音泰劉直帶反近附近之近古之欲明明德於天下者先治其國欲治其國者先齊其家欲齊其家者先脩

其身欲脩其身者先正其心欲正其心者先誠其意欲誠其意者先致其知知謂知善惡吉凶之所終始也○其知如字徐音智下致知同致知在格物格來也物猶事也其知於善深則來善物其知於惡深則來惡物言事緣人所好來也此致或爲至○格古百反好呼報反○物格而后知至知至而后意誠意誠而后心正心正而后身脩身脩而后家齊家齊而后國治國治而后天下平自天子以至於庶人壹是皆以脩身爲本其本亂而末治者否矣其所厚者薄而其所薄者厚未之有也此謂知本此謂知之至也壹是專行是也○治國治並直吏反下同所謂誠其意者毋自欺

也如惡惡臭如好好色此之謂自謙故君子必慎其獨也小人閒居爲不善無所不至見君子而后厭然揜其不善而著其善人之視已如見其肺肝然則何益矣此謂誠於中形於外故君子必慎其獨也謙讀爲慊慊之言厭也厭讀爲黶黶閉藏貌也○毋音無惡惡上烏路反下如字臭昌救反好好上呼報反下如字謙依注讀爲慊徐苦簟反閒音閑厭讀爲黶烏斬反又烏簟反揜於檢反著張慮反注同肺芳廢反肝音干言厭於琰反一音於涉反○曾子曰十目所視十手所指其嚴乎富潤屋德潤身心廣體胖故君子必誠其意嚴乎言可畏敬也胖猶大也三者言有實於內顯見於外○胖步丹反注及下同見賢遍反○詩云瞻彼淇澳菉竹猗猗有斐

君子如切如磋如琢如磨瑟兮僩兮赫兮喧兮有斐君子終不可諠兮如切如磋者道學也如琢如磨者自脩也瑟兮僩兮者恂慄也赫兮喧兮者威儀也有斐君子終不可諠兮者道盛德至善民之不能忘也此心廣體胖之詩也澳隈崖也菉竹猗猗喻美盛斐有文章貌也諠忘也道猶言也恂字或作峻讀如嚴峻之峻言其容貌嚴栗也民不能忘以其意誠而德著也○淇音其澳本亦作奧於六反本又作隩一音烏報反菉音綠猗於宜反斐芳尾反一音匪文章貌瑳七何反琢丁角反摩本亦作磨末何反爾雅云骨曰切象曰瑳玉曰琢石曰磨僩下板反又胡板反赫許百反喧本亦作咺況晚反諠許袁反詩作諼或作暄音同恂依注音峻思俊反一音思旬反慄利悉反澳於六反隈烏回反詩云於戲前王不忘君子賢其賢而親其親小人樂

其樂而利其利此以沒世不忘也聖人旣有親賢之德其政又有樂利於民君子小人各有以思之。於音烏下於緝熙同戲好胡反徐范音義樂其樂並音岳又音洛注同。康誥曰克明德大甲曰顧諟天之明命帝典曰克明峻德皆自明也皆自明明德也克能也顧念也諟猶正也帝典堯典亦尚書篇名也峻大也諟或為題。誥古報反大音泰顧諟上音故本又作頤同下音是峻徐音俊又私俊反題徐徒兮反。湯之盤銘曰苟日新日日新又日新康誥曰作新民詩曰周雖舊邦其命惟新是故君子無所不用其極盤銘刻戒於盤也極猶盡也君子日新其德常盡心力不有餘也。盤步干反銘徐音冥亡丁反。詩云邦畿千里惟民所止詩云緡蠻黃鳥止于丘隅子曰於止知其所止可以人而不如鳥乎於止於鳥之所止也就而觀之知其所止知鳥擇岑蔚安閒而止處之耳言人亦當擇禮義樂土而自止處也論語曰里仁爲美擇不處仁焉得知。畿音祈又作幾音同緡蠻音緜一音亡巾反毛詩作緜傳云緜蠻小鳥貌。詩云穆穆文王於緝熙敬止爲人君止於仁爲人臣止於敬爲人子止於孝爲人父止於慈與國人交止於信緝熙光明也此美文王之德光明敬其所以自止處。緝七入反熙許其反。

〔疏〕大學至道矣。正義曰此經大學之道在於明明德在於親民在止於至善積德而行則近於道也。在明明德者言大學之道在於章明己之光明之德謂身有明德而更章顯之此其一也。在親民者言大學之道在於親愛於民是其二也。在止於至善者言大學之道在止處於至善之行此其三也言大學之道在於此三事矣。知止而后有定者更覆說止於至善之事既知止於至善而后心能有定不有差貳也。定而后能靜者心定無欲故能靜不躁求也靜而后能安者以靜故情性安和也。安而后能慮者情既安和能思慮於事也。慮而后能得者既能

思慮然後於事得宜也。物有本末事有終始者若於事得
宜而天下萬物有本有末經營百事有終有始也。知所先
後者既能如此天下百事萬物皆識知其先後也。則近道
矣者若能行此諸事則附近於大道矣。古之欲明明德於
天下者前章言大學之道在明德親民止善覆說止善之事
既畢故此經明明德之理。在先治其國者此以積學能爲明
德盛極之事以漸到今本其初故言欲章明己之明德使徧
於天下者先須能治其國。欲治其國者先齊其家也欲齊
其家者先脩其身言若欲齊家先須脩身也。欲脩其身者
先正其心言若欲脩身必先正其心也。欲正其心者先誠
其意者揔包萬慮謂之爲心情所意念謂之意若欲正其心
使無傾邪必須先至誠在於憶念也若能誠實其意則心不
傾邪也。欲誠其意者先致其知者言欲精誠其己意先須
招致其所知之事言初始必須學習然後乃能有所知曉其
成敗故云先致其知也。致知在格物此經明初以致知積
漸而大至明德前經從盛以本初此經從初以至盛上下相
結也致知在格物者言若能學習招致所知格來也已有所
知則能在於來物若知善深則來善物知惡深則來惡物言
善事隨人行善而來應之惡事隨人行惡亦來應之言善惡
之來緣人所好也。物格而后知至者物既來則知其善惡

所至善事來則知其至於善若惡事來則知其至於惡既能
知至則行善不行惡也○知至而后意誠意既能知至則意念
精誠也○意誠而后心正者意能精誠故能心正也○國治
而后天下平者則上明明德於天下是以自天子至庶人皆
然也○壹是皆以脩身爲本者言上從天子下至庶人貴賤
雖異所行此者專一以脩身爲本上言誠意正心齊家治國
今此獨云脩身爲本者細則雖異其大略皆是脩身也○其
本亂而末治者否矣本亂謂身不脩也末治謂國家治也言
已身既不脩而望家國治者否矣否不也言不有此事也○
其所厚者薄而其所薄者厚未之有也者此覆說本亂而末
治否矣之事也○譬若與人交接應須教厚以加於人今所
厚之處乃以輕薄謂以輕薄待彼人也其所薄者厚謂已既
與彼輕薄欲望所薄之處以厚重報己未有此事也言已以
厚施人人亦厚以報已也若己輕薄施人人亦輕薄報已言
事厚之與薄皆以身爲本也○此謂知本此謂知之至也者
本謂身也既以身爲本若能自知其身是知本也是知之至
極也○所謂誠其意者自此以下至此謂知本廣明誠意之
事此一節明誠意之本先須慎其獨也○毋自欺也言欲精
誠其意無自欺誑於身言於身必須誠實也○如惡惡臭者
謂臭穢之氣謂見此惡事人嫌惡之如人嫌臭穢之氣心實

嫌之口不可道矣○如好好色者謂見此善事而愛好之如
以人好色心實好之口不可道矣言誠其意者見彼好事惡
事當須實好惡之不言而自見不可外貌詐作好惡而內心
實不好惡也皆須誠實矣○此之謂自謙者謙讀如慊慊然
安靜之貌心雖好惡而口不言應自然安靜也見君子而后
厭然揜其不善而著其善者謂小人獨居無所不爲見君子
而後乃厭然閉藏其不善之事宣著所行善事也○人之視
已如見其肺肝然則何益矣者言小人爲惡外人視之昭然
明察矣如見肺肝然則何益矣者言小人爲惡外人視之昭
然明察矣如見肺肝雖蹔時揜藏言何益矣○此謂誠於中
形於外者言此小人既懷誠實惡事於中心必形見於外不
可揜藏○注謙讀爲慊○正義曰以經義之理言作謙退之
字既無謙退之事故讀爲慊慊不滿之貌故又讀爲厭厭自
安靜也云厭讀爲黶黶黶爲黑色如爲閉藏貌也○曾子曰十
目所視者此經明君子脩身外人所視不可不誠其意作記
之人引曾子之言以證之十目所視十手所指者言所指視
者衆也十目謂十人之目十手謂十人之手也○其嚴乎者
既視者及指者皆衆其所畏敬可嚴憚乎○富潤屋德潤身
者言此二句爲喻也言家若富則能潤其屋有金玉又華飾
見於外也○德潤身者謂德能霑潤其身使身有光榮見於

外也○心廣體胖者言內心寬廣則外體胖大言爲之於中必形見於外也故君子必誠其意者以有內見於外必須精誠其意在內心不可虛也○詩云瞻彼淇澳者此一經廣明誠意之事故引詩言學問自新顏色威儀之事以證誠意之道也○瞻彼淇澳菉竹猗猗者此詩衛風淇澳之篇衛人美武公之德也澳隈也菉王芻也竹萹竹也視彼淇水之隈曲之內生此菉之與竹猗猗然而茂盛以淇水浸潤故也言視彼衛朝之內上有武公之身道德茂盛亦蒙康叔之餘烈故也引之者證誠意之道○有斐君子者有斐然文章之君子學問之益矣○如切如磋者如骨之切如象之磋又能自脩也○如琢如磨者如玉之琢如石之磨也○瑟兮僩兮赫兮喧兮有斐君子終不可喧兮者又瑟然顏色矜莊僩然性行寬大赫然顏色盛美喧然威儀宣美斐然文章之君子民皆愛念之終久不可忘也諠忘也自此以上詩之本文也自此以下記者引爾雅而釋之如切如磋者道學也者論道其學矣○如琢如磨者自脩也者謂自脩飾矣言初習謂之學重習謂之脩亦謂詩本文互而相通也○瑟兮僩兮者恂慄也者恂讀爲峻言顏色嚴峻戰慄也○道盛德至善民之不能忘也謂善稱也有斐君子終不可諠兮論道武公盛德至極美善人之愛念不能忘也○注此心至著也○正義曰諠忘

也釋訓文也云道猶言也謂經中道盛德至善恐爲道德之
道故云道猶言也云恂字或作峻讀如嚴峻之峻者以經之
恂字他本或作峻字故讀爲嚴峻之峻詩箋云還爲恂也此
記爲赫兮喧兮詩經云赫赫兮喧兮本不同也云以其意誠而
德著也以武公用意精誠德著於人人不忘也以經廣明誠
意之事故鄭云意誠而德著也詩云於戲前王不忘者此一
經廣明誠意之事此周頌烈文之篇也美武王之詩於戲猶
言嗚呼矣以文王武王意誠於天下故詩人歎美之云此前
世之王其德不可忘也○君子賢其賢而親其親者言後世
貴重之言君子皆美此前王能賢其賢人而親其族親也○世
小人樂其樂而利其利者言後世卑賤小人美此前王能愛
樂其所樂謂民之所樂者前王亦愛樂之利其利者能利益
其人人之所利民爲利者前王亦利益之言前王施爲政教下
順人人情不奪人之所樂利之事故云小人樂其樂而利其利
也○此以沒世不忘也由前王意能精誠垂於後世故君子
小人皆所美念以此之故終沒於世其德不忘也○康誥曰
克明德者此一經廣明意誠則能明己之德周公封康叔而
作康誥戒康叔能明用有德此記之意言周公戒康叔以自
明其德與尚書異也○大甲曰顧諟天之明命者顧念也諟
正也伊尹戒大甲云爾爲君當顧念奉正天之顯明之命不

邪僻也○帝典曰克明峻德者帝典謂堯典之篇峻大也尚書之意言堯能明用賢俊之德此記之意言堯能自明大德也皆自明也此經所云康誥大甲帝典等之文皆是人君自明其德也故云皆自明也○注皆自明明德也○正義曰明明德必先誠其意此經誠意之章由初誠意也故人先能明已之明德也○湯之盤銘此一經廣明誠意之事湯之盤銘者湯沐浴之盤而刻銘爲戒必於沐浴之。者戒之甚也○苟日新者此盤銘辭也非唯洗沭自新苟誠也誠使道德日益新也○日日新者言非唯一日之新當使日日益新○又日新者言非唯日日益新又須恒常日新皆是丁寧之辭也此謂精誠其意脩德無已也○康誥曰作新民者成王既伐管叔蔡叔以殷餘民封康叔誥言殷人化紂惡俗使之變改爲新人此記之意自念其德爲新民也○詩曰周雖舊邦其命惟新者此大雅文王之篇其詩之本意言周雖舊是諸侯之邦其受天之命唯爲天子而更新也此記之意其所施教命唯能念德而自新也是故君子無所不用其極者極盡也言君子欲日新其德無處不用其心盡力也言自新之道唯在盡其心力更無餘行也○詩云邦畿千里惟民所止此一經廣明誠意之事言誠意在於所止故上云大學之道在。於至善此商頌玄鳥之篇言殷之邦畿方千里爲人所居止此記斷章喻其民人而擇所止言人君賢則來也○詩云緡蠻黃鳥止于丘隅者此詩小雅緡蠻之篇刺幽王之詩言緡蠻然微小之黃鳥止在於岑蔚丘隅之處得其所止以言微小之臣依託大臣亦得其所也○子曰於止知其所止者孔子見其詩文而論之云是觀於鳥之所止則人亦知其所止鳥之知在岑蔚安閒之處則知人亦擇禮義樂土之處而居止也○可以人而不如鳥乎者豈可以人不擇止處不如鳥乎言不可不如鳥也故論語云里仁爲美擇不處仁焉得知是也○詩云穆穆文王於緝熙敬止者此大雅文王之篇美文王之詩緝熙謂光明也止辭也詩之本意云文王見此光明之人則恭敬之此記之意於緝熙言嗚呼文王之德緝熙光明又能敬其所止以自居處也○注鳥擇至止處○正義曰岑謂巖險蔚謂草木薈蔚言鳥之所止必擇靜密之處也○

**子曰聽訟吾猶人也必也使無訟乎無情者不得盡其辭大畏民志**

情猶實也無實者多虛誕之辭聖人之聽訟與人同耳必使民無實者不敢盡其辭大畏其心志使誠其意不敢訟○吾聽訟似用反猶人也論語作聽訟吾猶人也毋訟音無誕音但

**此謂知本**

本謂誠其意也

**所**

謂脩身在正其心者身有所忿懥則不得其正有所恐懼則不得其正有所好樂則不得其正有所憂患則不得其正心不在焉視而不見聽而不聞食而不知其味此謂脩身在正其心懥怒貌也或作懫或爲疐○忿弗粉反懥勑值反范音稚徐丁四反又音勸恐丘勇反好呼報反下故好而知同樂徐五孝反一音岳懫音致疐音致又得計反○所謂齊其家在脩其身者人之其所親愛而辟焉之其所賤惡而辟。焉之其所畏敬而辟。焉之其所哀矜而辟焉之其所敖惰而辟焉故好而知其惡惡而知其美者天下鮮矣故諺有之曰人莫知其子之惡莫知其苗之碩此謂身不脩不可以齊其家之適也譬猶喻也言適彼而以心度之曰吾何以親愛此人非以其有德美與吾何以敖惰此人非以其志行薄與反以喻己則身脩與否可自知也鮮罕也人莫知其子之惡猶愛而不察碩大也○辟音譬下及注同謂譬喻也賤惡烏路反下惡而知同敖五報反惰徒臥反其惡惡上如字下烏路反鮮仙善反注同諺魚變反俗語也度徒洛反與音余下薄與同行下孟反○所謂治國必先齊其家者其家不可教而能教人者無之故君子不出家而成教於國孝者所以事君也弟者所以事長也慈者所以使衆也康誥曰如保赤子心誠求之雖不中不遠矣未有學養子而後嫁者也養子者推心爲之而中於赤子之嗜欲也○弟音悌長丁丈反下長長并注同中丁仲反注同嗜欲時志反○

一家仁一國興仁一家讓一國興讓一人貪戾一國作亂其機如此此謂一言僨事一人定國一家一人謂人君也戾之言利也機發動所由也僨猶覆敗也春秋傳曰登戾之又曰鄭伯之車僨於濟戾或爲吝僨或爲犇○戾力計反賁徐音奮本又作僨注同覆芳福反濟子禮反犇音奔堯舜率天下以仁而民從之桀紂率天下以暴而民從之其所令反其所好而民不從言民化君行也君若好貨而禁民淫於財利不能正也○好呼報反注同行下孟反或如字○是故君子有諸己而后求諸人無諸己而后非諸人所藏乎身不恕而能喻諸人者未之有也故治國在齊其家有於己謂有仁讓也無於己謂無貪戾也詩云桃之夭夭其葉蓁蓁

蓁之子于歸宜其家人宜其家人而后可以教國人詩云宜兄宜弟宜兄宜弟而后可以教國人詩云其儀不忒正是四國其爲父子兄弟足法而后民法之也此謂治國在齊其家夭夭蓁蓁美盛貌之子者是子也○夭於驕反蓁音臻忒他得反○所謂平天下在治其國者上老老而民興孝上長長而民興弟上恤孤而民不倍是以君子有絜矩之道也老老長長謂尊老敬長也恤憂也民不倍不相倍棄也絜猶結也挈也矩法也君子有挈法之道謂當執而行之動作不失之倍或作偝矩或作巨○弟音悌倍音佩注同絜音結拒之音矩本亦作矩偝棄音佩本亦作倍下同挈也苦結反巨音拒本亦作矩其呂反○所惡於上毋以使下所惡於下

毋以事上所惡於前毋以先後所惡於後毋以從前所惡於右毋以交於左所惡於左毋以交於右此之謂絜矩之道絜矩之道善持其所有以恕於人耳治國之要盡於此○惡烏路反下皆同毋音無下同詩云樂只君子民之父母民之所好好之民之所惡惡之此之謂民之父母言治民之道無他取於已而已○只音紙好好皆呼報反詩云節彼南山維石巖巖赫赫師尹民具爾瞻有國者不可以不愼辟則爲天下僇矣巖巖喻師尹之高嚴也師尹天子之大臣爲政者也言民皆視其所行而則之可不愼其德乎邪辟失道則有大刑○節前切反又音如字巖五銜反辟匹亦反又必益反與辟同僇力竹反與戮同注同詩云殷之未喪師克配上帝

儀監于殷峻命不易道得衆則得國失衆則失國是故君子先慎乎德有德此有人有人此有土有土此有財有財此有用德者本也財者末也外本内末爭民施奪是故財聚則民散財散則民聚是故言悖而出者亦悖而入貨悖而入者亦悖而出師衆也克能也峻大也言殷王帝乙以上未失其民之時德亦有能配天者謂天享其祭祀也及紂爲惡而民怨神怒以失天下監視殷時之事天之大命得之誠不易也道猶言也用謂國用也施奪施其刼奪之情也悖猶逆也言君有逆命則民有逆辭也上貪於利則下人侵畔老子曰多藏必厚亡○喪息浪反峻恤俊反易以豉反注同爭爭鬬之爭施如字悖布内反下同上時掌反藏才浪反康誥曰惟命不于常道善則得之不善則失之

矣于於也天命不於常言不專祐一家也○專佑音又楚書曰楚國無以爲寶惟善以爲寶楚書楚昭王時書也言以善人爲寶時謂觀射父昭奚恤也○射父食亦反又食夜反父音甫舅犯曰亡人無以爲寶仁親以爲寶舅犯晉文公之舅狐偃也亡人謂文公也時辟驪姬之讒亡在翟而獻公薨秦穆公使子顯弔因勸之復國舅犯爲之對此辭也仁親猶言親愛仁道也明不因喪規利也○辟音避驪力宜反本又作麗亦作孋同翟音狄顯許遍反爲之于僞反○秦誓曰若有一个臣斷斷兮無他技其心休休焉其如有容焉人之有技若己有之人之彥聖其心好之不啻若自其口出寔能容之以能保我子孫黎民尚亦有利哉人之有技媢嫉以惡之人之彥聖而違之俾不通寔

不能容以不能保我子孫黎民亦曰殆哉秦誓尚書篇名也秦穆公伐鄭爲晉所敗於殽還誓其羣臣而作此篇也斷斷誠一之貌也他技異端之技也有技才藝之技也若已有之不啻若自其口出皆樂人有善之甚也美士爲彥黎衆也尚庶幾也媢妬也違猶戾也俾使也佛戾賢人所爲使功不通於君也殆危也彥或作盤。一个古賀反一讀作介音界臣此所引與尚書文小異斷丁亂反無它音他技其綺反下及注同休休許虯反尚書傳曰樂善也鄭注尚書云寬容貌何休注公羊云美大之貌好呼報反啻音試詩豉反媢莫報反尚書作冒音同謂覆蔽也惡烏路反下能惡人同俾本又作卑必爾反敗必邁反殽戶交反樂音岳又音洛妬丁路反佛戾上扶弗反下力計反

唯仁人放流之迸諸四夷不與同中國此謂唯仁人爲能愛人能惡人放去惡人媢嫉之類者獨仁人能之如舜放四罪而天下咸服。迸比孟反又逼諍反諍音爭鬬之爭皇云迸猶屏也去巨呂反。

見賢而不能舉舉而不能先命也見善而不

能退退而不能遠過也命讀爲慢聲之誤也舉賢而不能使君以先己是輕慢於舉人也。命依注音慢武諫反遠于萬反好人之所惡惡人之所好是謂拂人之性菑必逮夫身拂猶佹也逮及也。好呼報反下皆同惡烏路反下同拂扶弗反注同菑音哉下同逮音代一音大計反夫音扶佹九委反是故君子有大道必忠信以得之驕泰以失之道行所由生財有大道生之者衆食之者寡爲之者疾用之者舒則財恆足矣是不務祿不肖而勉民以農也。肖音笑仁者以財發身不仁者以身發財發起也言仁人有財則務於施與以起身成其令名不仁之人有身貪於聚斂以起財務成富。施始豉反予由汝反未有上好仁而下不好義者也未有好義其事不終者也未有府庫財非其財者也言君行仁道則其臣必義以義舉事無不成者其爲誠然如己府庫之時爲己有也孟獻子曰畜馬乘不察於雞豚伐冰之家不畜牛羊百乘之家不畜聚斂之臣與其有聚斂之臣寧有盜臣此謂國不以利爲利以義爲利也孟獻子魯大夫仲孫蔑也畜馬乘謂以士初試爲大夫也伐冰之家卿大夫以上喪祭用冰百乘之家有采地者也雞豚牛羊民之所畜養以爲財利者也國家利義不利財盜臣損財耳聚斂之臣乃損義論語曰季氏富於周公而求也爲之聚斂非吾徒也小子鳴鼓而攻之可也。畜許六反下同乘徐繩證反下及注同蔑莫結反以上時掌反采七代反本亦作菜爲之于僞反。長國家而務財用者必自小人矣言務聚財爲己用者必忘義是小人所爲也。長丁丈反彼爲善之小人之使爲國家菑害並至雖有善者亦無如之何矣彼君也君將欲以仁義善其政而使小人治其國家之事患難猥至雖云有善不能救之以其惡之已著也。難乃旦反猥烏罪反捄音救本亦作救著張慮反。此謂國不以利爲利以義爲利也〔疏〕子曰至利也。正義曰此一經廣明誠意之事言聖人不惟自誠已意亦服民使誠意也孔子稱斷獄猶如常人無以異也言吾與常人同也。必也使無訟乎者必也使無理之人不敢爭訟也。無情者不得盡其辭者情猶實也言無實情虛誕之人無道理者不得盡竭其虛僞之辭也。大畏民志者大能畏脅民人之志言人有虛誕之志者皆畏懼不敢訟言民亦誠實其意也聽訟吾猶人也必也使無訟乎是夫子之辭無情者不得盡其辭大畏民志是記者釋夫子無訟之事然能使無訟則是異於人也而云吾猶人者謂聽訟之時備兩造吾聽與人無殊故云吾猶人也但能用意精誠求其情僞所以使無訟也。此謂知本者此從上所謂誠意以下言此大畏民志以上皆是誠意之事意爲行本既精誠其意是曉知其本故云此謂知本也。所謂脩身。者此覆說前脩身正心之事。身有所忿懥則不得其正者懥謂怒也身若有所怒則不得其正言因怒而違於正也所以然者若遇忿怒則違於理則失於正也○有所恐懼則不得其正者言因恐懼而違於正也○心不在焉視而不見聽而不聞食而不知其味者此言脩身之本必在正心若心之不正身亦不脩若心之不在視聽與食不覺知也是心爲身本脩身必在於正心也○所謂齊其家在脩其身者此經重明前經齊家脩身之事○人之其所親愛而辟焉者之猶適也此言脩身之譬也設我適彼人見彼有德則爲我所親愛當反自譬喻於我也以彼有德故爲我所親愛則我若自脩身有德必然亦能使衆人親愛於我也○之其所賤惡而譬焉者又言我往之彼而賤惡彼人者必是彼人無德故也亦當迴以譬我我若無德則人亦賤惡我也○之其所畏敬而譬焉者又我往之彼而畏敬彼人必是彼人莊嚴故也亦迴其譬我我亦當莊敬則人亦必畏敬我○之其所哀矜而辟焉者又我往之彼而哀矜彼人必是彼人有慈善柔弱之德故也亦迴譬我我有慈善而或柔弱則亦爲人所哀矜也○之其所敖惰而辟焉者又我往之彼而敖惰彼人必是彼人邪僻故也亦迴譬我我若邪僻則人亦敖惰於我也故好而知其惡惡而知其美者天下鮮矣者知識也鮮少也人心多偏若心愛好之而多不知其惡若嫌惡之而多不知其美今雖愛好知彼有惡事雖憎惡知彼有美善天下之内如此者少矣○故諺有之曰人

莫知其子之惡莫知其苗之碩者碩猶大也言人之愛子其意至甚子雖有惡不自覺知猶好而不知其惡也農夫種田恒欲其盛苗雖碩大猶嫌其惡以貪心過甚故不知其苗之碩若能以己子而方他子己苗而匹他苗則好惡可知皆以己而待他物也○此謂身不脩不可以齊其家者此不知子惡不知苗碩之人不脩其身身既不脩不能以己譬人故不可以齊整其家○注之適至大也○正義曰之適也釋詁文云反以喻己者謂見他人所親愛被賤惡以人類己他人之事反來自譬己身也云則身脩與否可自知也者謂彼人不脩則被賤惡敖惰己若不以脩身事亦然也若彼脩身則被親愛敬畏己若脩身亦當然也故云脩身與否可自知也云碩大也釋詁文○此謂至其家此一節覆明前經治國齊家之事○康誥曰如保赤子者此成王命康叔之辭赤子謂心所愛之子言治民之時如保愛赤子愛之甚也○心誠求之雖不中不遠矣者言愛此赤子內心精誠求赤子之嗜欲雖不能正中其所欲去其所嗜欲其不甚遠言近其赤子之嗜欲爲治人之道亦當如此也○未有學養子而后嫁者也言母之養子自然而愛中當赤子之嗜欲非由學習而來故云未有學養子而后嫁者此皆本心而爲之言皆喻人君也○一家仁一國興仁一家讓一國興讓者言人君行善於家則

外人化之故一家一國皆仁讓也○一人貪戾一國作亂者謂人君一人貪戾惡事則一國學之作亂○其機如此者機謂關機也動於近成於遠善惡之事亦發於身而及於一國也○此謂一言僨事一人定國者僨猶覆敗也謂人君一言覆敗其事謂惡言也一人定國謂由人君一人能定其國謂善政也古有此言今記者引所爲之事以結之上云一人貪戾一國作亂是一言僨事也又云一家仁讓則一國仁讓是知一人定國也一家則一人也皆謂人君是一人之身先治一家乃後治一國其所令反其所好而民不從者令謂君所號令之事若各隨其行之所好則人從之其所好者是惡所令者是善則所令之事反其所好雖欲以令禁人人不從也是故君子有諸已而后求諸人者諸於也謂君子有善行於已而后可以求於人使行善行也謂於已有仁讓而后可求於人之仁讓也無諸已而后非諸人者謂無惡行於已而后可以非責於人爲惡行也謂無貪利之事於已而後非責於人也○所藏乎身不恕而能喻諸人者未之有也者謂所藏積於身旣不恕實而能曉喻於人使從已者未之有也言無善行於身欲曉喻於人爲善行不可得也○詩云桃之夭夭其葉蓁蓁者此周南桃夭之篇論昏姻及時之事言桃之夭夭少壯其葉蓁蓁茂盛喻婦人形體少壯顏色茂盛之時似

桃之夭夭也○之子于歸宜其家人者之子者是子也歸嫁
也宜可以爲夫家之人引之者取宜其家人之事○宜其家
人而后可以教國人者言人既家得宜則可以教國人也○
詩云宜兄宜弟者此小雅蓼蕭之篇美成王之詩詩之本文
言成王有德宜爲人兄宜爲人弟此記之意宜兄宜弟謂自與
兄弟相善相宜也既爲兄弟相宜而可兄弟之意而后可以
教國人也○詩云其儀不忒正是四國者此曹風鳲鳩之篇
忒差也正長也言在位之君子威儀不有差忒可以正長是
四方之國言可法則也○其爲父子兄弟足法而后民法之
也者此謂治國在齊其家謂其脩身於家在室家之內使父
子兄弟足可方法而後民皆法之也是先齊其家而後能治
其國也○注一家至於齊○正義曰一家一人謂人君也者
以經言治家故知是人君也若文王刑于寡妻至于兄弟以
御于家邦是也云春秋傳曰登戾之者此隱五年公羊傳文案
彼傳文公觀魚于棠何以書譏何譏爾遠也公曷爲遠而觀
魚登來之也彼注意謂以思得而來之齊人語謂登來爲得
來也聲有緩急得爲登謂隱公觀魚於棠得此百金之魚而
來觀之公羊傳爲登來鄭所引公羊本爲登戾之以來爲戾
與公羊本不同也鄭意以戾爲貪戾故引以證經之貪戾也
云又曰鄭伯之車僨於濟者隱三年左傳文○所謂平天下

在治其國者正義曰自此以下至終篇覆明上文平天下在治其國之事但欲平天下先須治國治國事多天下理廣非一義可了故廣而明之言欲平天下先須脩身然後及物自近至遠自內至外故初明絜矩之道次明散財於人之事次明用善人遠惡人此皆治國治天下之綱故揔而詳說也今各隨文解之○上恤孤而民不倍者孤弱之人人所遺棄在上君長若能憂恤孤弱不遺則下民學之不相棄倍此人是以君子有絜矩之道也者絜猶結也矩法也言君子有執結持矩法之道動而無失以此加物物皆從之也○所惡於上毋以使下者此以下皆是絜矩之道也譬諸侯有天子在於上上有不善之事加已已惡之則不可迴持此惡事使已下者爲之也○所惡於下毋以事上者言臣下不善事已已所有惡則已不可持此惡事迴以事已之君上也○所惡於前毋以先後者前謂在已之前不以善事施已已所憎惡則無以持此惡事施於後人也所惡於後毋以從前者後謂在已之後不以善事施已已則無以惡事施於前行之人也○所惡於右毋以交於左者謂與已平敵或在已右或在已左以惡加已已所憎惡則無以此惡事施於左人舉此一隅餘可知也○此之謂絜矩之道者上經云君子有絜矩之道也其絜矩之義未明故此經申說能持其所有以待於人恕已接物

即絜矩之道也○詩云樂只君子民之父母此記者引之又申明絜矩之道若能以己化○從民所欲則可謂民之父母此小雅南山有臺之篇美成王之詩也只辭也言能以己化民從民所欲則可爲民父母矣○民之所好好之者謂善政恩惠是民之願好己亦好之以施於民若發倉廩賜貧窮賑乏絕是也○民之所惡惡之者謂苛政重賦是人之所惡己亦惡之而不行也○詩云節彼南山者上經說恕己待民此經明已須戒愼也詩云節彼南山維石巖巖此小雅節南山之篇刺幽王之詩言幽王所任大臣非其賢人也節然高峻者是彼南山維積累其石巖巖然高大喻幽王大臣師尹之尊嚴○赫赫師尹民具爾瞻者赫赫顯盛貌是太師與人爲則者具俱也爾汝也在下之民俱於汝而瞻視之言皆視師尹而爲法此記之意以喻人君在上民皆則之不可不愼○有國者不可以不愼者有國謂天子諸侯言民皆視上所行而則之不可不愼其德乎宜愼之也○辟則爲天下僇矣者僇謂刑僇也君若邪辟則爲天下之民共所誅討若桀紂是也○詩云殷之未喪師克配上帝此一經明治國之道在貴德賤財此大雅文王之篇美文王之詩因以戒成王也克能也師衆也言殷自紂父帝乙之前未喪師衆之時所行政教皆能配上天而行也○儀監于殷峻命不易者儀宜也監視也

今成王宜監視于殷之存亡峻大也奉此天之大命誠爲不
易言其難也○道得衆則得國失衆則失國者道猶言也詩
所云者言帝乙以上得衆則得國言殷紂失衆則失國也○
有德此有人者有德之人人之所附從故有德此有人也有
人此有土者有人則境土寬大故有土也○有土此有財言
有土則生植萬物故有財也○有財此有用者爲國用有財
豐以此而有供國用也○德者本也財者末也者德能致財
財由德有故德爲本財爲末也○外本內末爭民施奪者外
疏也内親也施奪謂施其刼奪之情也君若親財而疏德則
爭利之人皆施刼奪之情也○是故財聚則民散財散則民
聚者事不兩興財由民立君若重財而輕民則民散也若散
財而賙恤於民則民咸歸聚也○是故言悖而出者亦悖而
入者悖逆也若人君政教之言悖逆人心而出行者則民悖
逆君上而入以報荅也謂拒違君命也○貨悖而入者亦悖
而出者若人君厚斂財貨悖逆民心而入積聚者不能久如
財入畔於上財亦悖逆君心而散出也言衆畔親離財散非
君有也○注師衆至厚亡○正義曰師衆也峻大也皆釋詁
文爾雅峻字馬旁爲之與此同也克能也釋言文也云君有
逆命則民有逆辭也者君有逆命解經言悖而出也民有逆
辭解經亦悖而入謂人有逆命之辭以拒君也云老子曰多

藏必厚亡者言積聚藏之既多必厚重而散亡也引之者證
貨悖而入亦悖而出○康誥曰惟命不于常者謂天之命不
於是常住在一家也道善則得之不善則失之矣書之本意
言道爲善則得之不善則失之是不常在一家也○舅犯曰
亡人無以爲寶仁親以爲寶者此舅犯勸重耳之辭於時重
耳逃亡在翟秦穆公欲納之反國而勸重耳不受秦命對秦
使云奔亡之人無以貨財爲寶唯親愛仁道以爲寶也○注
楚書至奚恤正義曰鄭知是楚昭王時書者案楚語云楚昭
王使王孫圉聘於晉定公饗之趙簡子鳴玉以相問於王孫
圉曰楚之白珩猶在乎其爲寶幾何矣王孫圉對曰未嘗爲
寶楚之所寶者曰觀射父能作訓辭以行事於諸侯使無以
寡君爲口實又新序云秦欲伐楚使者觀楚之寶器楚王召
昭奚恤而問焉對曰寶器在賢臣王遂使昭奚恤應之昭奚
恤發精兵三百人陳於西門之内爲東面之壇一南面之壇
四西面之壇一秦使者至昭奚恤曰君客也請就上居東面
之壇令尹子西南面太宗子牧次之葉公子高次之司馬子
發次之昭奚恤自居西面之壇稱曰客欲觀楚之寶器乎楚
之所寶者即賢臣也唯大國之所觀秦使無以對也使歸告
秦王曰楚多賢臣無可以圖之何知有觀射父昭奚恤者案
戰國義云楚王築壇昭奚恤等立於壇上楚王指之謂秦使

曰此寡人之寶故知有昭奚恤等也謂賢爲寶者案史記云理百姓實府庫使黎甿得所者有令尹子西而能也執法令奉圭璋使諸侯不怨兵車不起者有大宗子牧能也守封疆固城郭使鄰國不侵亦不侵鄰國者有葉公子高能也整師旅治兵戈使蹈白刃赴湯蹈火萬死不顧一生者有司馬子發能也坐籌帷幄之中決勝千里之外懷霸王之業撥理亂之風有大夫昭奚恤能也是皆爲寶也引之者證爲君長能保愛善人爲寶也○注舅犯至利也○正義曰舅犯晉文公之舅狐偃者左傳文也云時避驪姬之讒亡在翟而獻公薨秦穆公使子顯弔之因勸之復國舅犯爲之對此辭也檀弓篇文○秦誓曰者此一經明君臣進賢詘惡之事秦誓尚書篇名秦穆公伐鄭爲晉敗於殽還歸誓羣臣而作此篇是秦穆公悔過自誓之辭記者引之以明好賢去惡也○若有一介臣斷斷兮者此秦穆公誓辭云羣臣若有一耿介之臣斷斷然誠實專一謹慤兮是語辭古文尚書兮爲猗言有一介之臣其心斷斷猗猗然專一與此本異○無他技其心休休焉其如有容焉者言此專一之臣無他奇異之技惟其心休休然寬容形貌似有包容如此之人我當任用也○人之有技若已有之者謂見人有技藝欲得親愛之如已自有也○人之彥聖其心好之不啻若自其口出者謂見人有才彥美

通聖其心中愛樂不啻如自其口出心愛此彥聖之美多於口說言其愛樂之甚也○寔能容之以能保我子孫黎民尚亦有利哉者實是也若能好賢如此是能有所包容則我國家得安保我後世子孫黎衆也尚庶幾也非直子孫安其下衆人皆庶幾亦望有利益哉也○人之有技媢疾以惡之者上明進賢之善此論蔽賢之惡也媢妬也見人有技藝則掩藏媢妬疾以憎惡之也○人之彥聖而違之俾不通者見他人之彥聖而違戾抑退之俾使也使其善功不通達於君尚書違爲達字也○寔不能容以不能保我子孫黎民亦曰殆哉者若此蔽賢之人是不能容納家國將亡不能保我子孫非唯如此衆人亦曰殆危哉○注秦誓至危也○正義曰秦穆公伐鄭爲晉所敗於崤還誓其羣臣而作此篇也者案尚書序秦穆公伐鄭晉襄公帥師敗諸崤還歸作秦誓又左傳僖三十二年秦穆公興師伐鄭蹇叔等諫之公不從爲晉人與姜戎要而擊之敗諸崤是其事也云美士爲彥者爾雅釋訓文黎衆也俾使也皆釋詁文尚庶幾者釋言文爾雅庶幾尚也是尚爲庶幾矣云媢妬也者說文云媢夫妬婦是媢爲妬也○唯仁人放流之迸諸四夷不與同中國者言唯仁人之君能放流此蔽善之人使迸遠在四夷不與同在中國若舜流四凶而天下咸服是也○此謂唯仁人爲能愛人能惡

人者旣放此蔽賢之人遠在四夷是仁人能愛善人惡不善之人○見賢而不能舉舉而不能先命也者此謂凡庸小人見此賢人而不能舉進於君假設舉之又不能使在其已之先是爲慢也謂輕慢於舉人也○見不善而不能退退而不能遠過也者此謂小人見不善之人而不能抑退之假令抑退之而不能使遠退之過者言是愆過之人也○好人之所惡者人謂君子君子所惡者凶惡之事今乃愛好凶惡是好人之所惡也○惡人之所好者君子所好仁義善道今乃惡此仁義善道是惡人之所好也○是謂拂人之性者○若如此者是謂拂戾善人之性○菑必逮夫身者逮及也如此菑必及夫身矣○是故君子有大道者大道謂所由行孝悌仁義之大道也○必忠信以得之驕泰以失之者言此孝悌仁義必由行忠信以得之由身驕泰以失之也○生財有大道者此一經明人君當先行仁義愛省國用以豐足財物上文大道謂孝悌仁義之道此言人君生殖其財有大道之理則下之所云者是也○生之者衆者謂爲農桑多也○食之者寡者謂減省無用之費也○爲之者疾者謂百姓急營農桑事業也○用之者舒者謂君上緩於營造費用也○則財恒足矣者言人君能如此則國用恒足○仁者以財發身者謂仁德之君以財散施發起身之令名也○不仁者以身發財

者言不仁之人唯在吝嗇務於積聚勞役其身發起其財此在治家治國天下之科皆謂人君也○未有上好仁而下不好義者也。言在上人君好以仁道接下其下感君仁恩無有不愛好於義使事皆得其宜也○未有好義其事不終者也。言臣下悉皆好義百事盡能終成故云未有好義其事不終者。言皆能終成也○未有府庫財非其財者也。又爲人君作譬也君若行仁民必報義義必終事譬如人君有府庫之財必還爲所用也故云未有府庫財非其財者也○注其爲至有也○正義曰言君行仁道則臣必爲義臣既行義事必終成以至誠相感必有實報如已有府庫之財爲已所有也其爲誠實而然言不虛也○孟獻子曰畜馬乘不察於雞豚者此一經明治國家不可務於積財若務於積財即是小人之行非君上之道言察於雞豚之所利爲畜養馬乘士初試爲大夫不闚察於雞豚之小利○伐冰之家不畜牛羊者謂卿大夫喪祭用冰從固陰之處伐擊其冰以供喪祭故云伐冰也謂卿大夫爲伐冰之家不畜牛羊爲財利以食祿不與人爭利也○百乘之家不畜聚斂之臣者百乘謂卿大夫有采地者也以地方百里故云百乘之家言卿大夫之家不畜聚斂之臣使賦稅什一之外徵求采邑之物也故論語云百乘之家是也○與其有聚斂之臣寧有盜臣者覆解不畜聚斂之臣意若其有聚斂之臣寧可有盜竊之臣以盜臣但害財聚斂之臣則害義也○此謂國不以利爲利以義爲利也者言若能如上所謂是國家之利但以義事爲國家利也○長國家而務財用者必自小人矣者言爲人君長於國家而務積聚財以爲己用者必自爲小人之行也○注孟獻至可也○正義曰孟獻子魯大夫仲孫蔑者此據左傳文也畜馬乘謂以士初試爲大夫者案書傳士飾車駢馬詩云四牡騑騑大夫以上乃得乘四馬今下云伐冰之家百乘之家是卿大夫今別云畜馬乘者不察雞豚故知士初試爲大夫者也伐冰之家卿大夫者案昭四年左傳云大夫命婦喪浴用冰喪大記注云士不用冰故知卿大夫也士若恩賜及食而得用亦有冰也但非其常故士喪禮賜冰則夷槃可也左傳又云食肉之祿冰皆與焉是也云百乘之家有采地者也此謂卿也故論語云百乘之家鄭云采地一同之廣輪是也○彼爲至利也○前經明遠財重義是不以利爲利以義爲利此經明爲君治國棄遠小人亦是不以利爲利以義爲利也○彼爲善之彼謂君也君欲爲仁義之道善其政教之語辭故云彼爲善之小人之使爲國家菑害並至者言君欲爲善反令小人使爲治國家之事毒害於下故菑害患難則並皆來至○雖有善者亦無如之何矣者既使小人治國其君

雖有善政之。亦無能奈此患難之何

言不能止之以其惡之已著故也

附釋音禮記注疏卷第六十



江西南昌府學栞

禮記注疏卷六十校勘記　阮元撰盧宣旬摘錄

大學第四十二

大學之道節

先脩其身　閩監本石經岳本嘉靖本衛氏集說同毛本脩作修下並同

如切如磋如琢如磨　各本同石經同釋文磋作瑳出如摩云本亦作磨

終不可諠兮者　惠棟挍宋本石經宋監本岳本嘉靖本衛氏集說同閩本諠字殘闕監毛本諠作諼

緡蠻黃鳥　石經同閩監毛本緡作緍岳本嘉靖本衛氏集說同釋文同○今訂作緡

於止於鳥之所止也　惠棟挍宋本作於鳥宋監本岳本嘉靖本同考文引古本同此本於鳥誤公鳥閩監毛本作言鳥亦誤

大學至道矣　惠棟挍宋本無此五字

總包萬慮謂之爲心閩本同惠棟挍宋本同監毛本爲心心二字倒

情所意念謂之意閩監毛本同惠棟挍宋本上意作億下意念同案此本下在於憶念也作心旁意三本作意念

言初始必須習學惠棟挍宋本作學習

細則雖異考文引宋板同閩監毛本則作別

見君子而後乃厭然閩本同惠棟挍宋本同監毛本厭誤揜

如見肺肝雖蹔時揜藏惠棟挍宋本同閩監毛本蹔時揜藏揜誤銷沮閉

既懷誠實惡事於中心惠棟挍宋本同閩監毛本誠誤詐

黶爲黑色如爲閉藏貌也閩監毛本同段玉裁挍如改知

菉王芻也惠棟挍宋本同閩監毛本王誤玉

竹籥竹也考文引宋板同是也閩監本籥作篇非毛本籥作篇

亦蒙康叔之餘烈故也惠棟挍宋本同閩監毛本蒙作本

有斐然文章之君子學問之益矣閩本同考文引宋板同監毛本益作盛

如骨之切如象之磋考文引宋板同閩監毛本象作角

喧然威儀宣美閩監毛本喧作諠衞氏集說亦作喧美作著

自此以上詩之本文也閩本同惠棟挍宋本同監毛本上誤下

詩經云赫兮喧兮本不同也閩毛本同監本喧作諠

言後世貴重之閩監毛本同惠棟挍宋本無言字

必於沐浴之者戒之甚也惠棟挍宋本者上有盤字衞氏集說同此本盤字脫閩監毛本同

當使日日益新　閩監本同衞氏集說同毛本當誤堂

故止云大學之道在於至善　閩監毛本同惠棟挍宋本止作上在下有止字是也

靜寂之處也　惠棟挍宋本此下標禮記正義卷第六十六終記云凡二十五頁

子曰聽訟節　惠棟挍宋本自此節起至此篇末爲第六十七卷卷首題禮記正義卷第六十七

聽訟吾猶人也　各本同石經同釋文出吾聽訟猶人也云論語作聽訟吾猶人也

必也使無訟乎　各本同石經同釋文出毋訟云音無

或作憤　閩監毛本作憤岳本嘉靖本衞氏集說同釋文同此本憤誤質

或爲疐　閩本惠棟挍宋本宋監本岳本嘉靖本同監毛本爲作作作衞氏集說同釋文出作疐

人之其所親愛而辟焉　閩監毛本岳本衞氏集說同惠棟挍宋本辟作譬宋監本石經嘉靖本考文引古本同下四而辟焉並同釋文出而辟云音譬下及注同今各本注譬猶喻也並作譬獨衞氏集說作辟○按譬正

字辟假借字

一言僨事　各本同石經同釋文出賁事云本又作僨注同。按賁假借字

不能正也　閩監毛本同惠棟按宋本宋監本岳本嘉靖本正作止衛氏集說同考文引古本同

不相倍棄也　閩監毛本作棄岳本棄作弃嘉靖本衛氏集說同此本棄誤奪各本倍字同釋文出倩棄云本亦作倍。按倩乃倍之或體

矩或作巨　各本同釋文作作爲

爲政者也言民皆視其所行而則之　惠棟按宋本如此宋監本岳本嘉靖本衛氏集說同考文引古本同此本者也言民皆視其七字闕閩監毛本誤者在下之民俱

邪辟失道則有大刑　惠棟按宋本作有大刑宋監本岳本嘉靖本同衛氏集說同考文引古本同此本有大刑三字闕閩監毛本有大刑三字誤作天下共誅之矣六字

**若有一介臣** 惠棟按宋本宋監本並作介石經岳本同此本介作个嘉靖本閩監毛本同衛氏集說同釋文出若有一个云一讀作介石經考文提要云宋大字本作一介案正義說一介爲一耿介則當以作介者爲是釋文作个與正義本異

**寔能容之** 閩監本石經岳本嘉靖本衛氏集說同毛本寔作實下寔不能容同疏放此按當作寔

**秦誓尚書篇名也** 惠棟按宋本如此宋監本岳本嘉靖本同衛氏集說同考文引古本同此本秦誓二字空闕閩監毛本補秦誓又衍周書二字

**而作此篇也** 岳本嘉靖本同閩監毛本而誤故惠棟按宋本宋監本亦作而無也字衛氏集說同考文引古本同

**才藝之技也** 惠棟按宋本宋監本岳本嘉靖本衛氏集說同閩監毛本技誤士

**美士爲彥** 惠棟按宋本宋監本岳本嘉靖本衛氏集說同考文引古本同閩監本爲作曰毛本爲誤也

佛戾賢人所爲惠棟挍宋本宋監本岳本同考文引古本同閩監毛本佛作拂嘉靖本衛氏集說同釋文出佛戾

言聖人不惟自誠己意惠棟挍宋本同閩本聖人二字同不字闕監毛本聖人不誤聽訟者

猶如常人無以異也惠棟挍宋本同閩本以字空闕監毛本以字脫

言無實情虛誕之人惠棟挍宋本同閩本情字空闕監毛本情字脫

皆畏懼不敢訟惠棟挍宋本同閩本訟字空闕監毛本訟字脫

必也使無訟乎是夫子之辭惠棟挍宋本同閩本是夫子三字空闕監毛本是夫子誤者聽訟

大畏民志是記者釋夫子無訟之事惠棟挍宋本同閩本者釋夫子無訟

之七字闕監毛本是記者釋夫子無訟之事誤作者能自誠而使民誠意自謂聽訟之時備兩造惠棟按宋本同閩監毛本謂聽訟之時誤斷獄者俱但能用意精誠求其情僞惠棟按宋本同閩本意精誠求其情僞七字闕監毛本作能服民使誠意不敢爭誤也

此謂知本者此從上所謂誠意以下言此大畏民志以上皆是誠意之事意爲行本既精誠其意是曉知其本故云此謂知本也○所謂脩身者此覆說前脩身正心之事○身有所忿懥則不得其正者懥謂怒也身若有所怒則不得其正言因怒而違於正也所以然者若遇忿怒則違於理則失於正也惠棟按宋本皆是誠意之事無是字所謂脩身下有

在正其心四字餘並同閩本多闕監毛本補闕多誤

脩身必在於正心也○所謂閩監本同毛本○誤之惠棟挍宋本亦作○於正作正於

人之其所親愛而譬焉者閩監本同惠棟挍宋本同毛本譬作辟下而譬焉自譬己並同監本下畏敬而譬哀矜而譬敖惰而譬以已譬人四譬字亦作辟亦迴以譬我亦迴譬我亦迴譬我三譬字毛本作譬監本作辟

亦迴其譬我閩本同考文引宋板同監毛本其作以

雖增惡知彼有美善閩監毛本同考文引宋板增作憎是也

爲治人之道亦當如此也閩監毛本同惠棟挍宋本爲作謂

足可方法而後民皆法之也閩監本同毛本可下衍以字民下脱皆字考文引宋

板有皆字

此隱五年公羊傳文案彼傳惠棟挍宋本同閩監毛本公羊傳文案五字闕

齊人語謂登來爲得來也惠棟挍宋本同閩監毛本謂登來爲得五字闕

得此百金之魚而來觀之惠棟挍宋本同閩監毛本百金之魚而五字闕

爲登戾之以來爲戾與公羊本不同也惠棟挍宋本同閩監毛本之以來爲戾五字闕

故引以證經之貪戾也云惠棟挍宋本同閩監毛本經之貪戾也五字闕

所謂平天下在治其國者惠棟挍宋本同閩監毛本所謂平天下五字闕

釋明上文平天下在治其國之事閩監毛本在作先惠棟挍宋本文作經在字同

治國事多天下理廣惠棟按宋本同閩監毛本理廣二字脫天下上衍於平二字

先須脩身然後及物自惠棟按宋本同閩本後及物三字闕自作由監毛本然後及物自誤脩身之事由

次明散財於人之事惠棟按宋本同閩監毛本人之事誤民其又

故揔而詳說也今各隨文解之考文引宋板同惠棟按宋本說作之閩本詳說也三字闕監毛本揔而詳說也誤特詳悉畢舉

人所遺棄在上君長惠棟按宋本同閩本遺誤易在字闕監毛本遺誤易在誤是

言君子有執結持矩法之道惠棟按宋本同閩本執結二字闕監毛本有執結誤於天下

譬諸侯有天子在於閩監毛本同惠棟按宋本在於作爲上

或在己左以惡加己閩監本同毛本以惡上有若右二字

若能以己化從民所欲閩監本同毛本化下有民字

峻大也皆釋詁文閩本同監毛本峻誤埈下爾雅峻字同

楚王命昭奚恤而問焉惠棟挍宋本同閩監毛本命作召

遂使昭奚恤應之惠棟挍宋本同閩監毛本之誤焉

太宗子牧次之閩本同監本太作大毛本牧作敖

司馬子發次之惠棟挍宋本同閩監毛本司馬子二字闕

唯大國之所觀秦使無以對也使歸告秦王曰楚多賢

臣無可以圖之何知有觀射父昭奚恤者案戰國義云

楚王築壇昭奚恤等立於壇上楚王指之謂秦使曰此

寡人之寶故知有昭奚恤等也謂賢爲寶者案史記云理百姓實府庫使黎甿得所者有令尹子西而能也執法令奉圭璋使諸侯不怨兵車不起者有大宗子牧能也守封疆固城郭使鄰國不侵亦不侵鄰國者有葉公子高能也整師旅治兵戈使蹈白刃赴湯蹈火萬死不顧一生者有司馬子發能也坐籌帷幄之中決勝千里之外懷霸王之業撥理亂之風有大夫昭奚恤能也是皆爲寶也引之者證爲君長能保愛善人爲寶也○注舅犯至利也○正義曰舅犯晉文公之舅狐偃者左傳文也云時避驪姬之讒亡在翟而獻公薨秦穆公使子

顯弔之因勸之復國舅犯爲之對此辭也檀弓篇文〇秦誓曰者此一經明君臣進賢詘惡之事秦誓尚書篇名秦穆公伐鄭爲晉敗於殽還歸誓羣臣而作此篇是秦穆公悔過自誓之辭記者引之以明好賢去惡也〇若有一介臣斷斷兮者此秦穆公誓辭云羣臣若有一耿介之臣斷斷然誠實專一謹慤兮是語辭古文尚書兮爲猗言有一介之臣其心斷斷猗猗然專一與此本異〇無他技其心休休焉其如有容焉者言此專一之臣無他奇異之技惟其心休休然寬容形貌似有包容如此之人我當任用也〇人之有技若已有之者謂見

人有技藝欲得親愛之如己自有也惠棟校宋本同閩監毛本多闕字考文載宋板惟案戰國義上有乎字與此異餘並同

其中心愛好惠棟校宋本同閩監毛本好作樂

寔是也惠棟校宋本同衞氏集說同閩監本是字空闕毛本同寔作實

得安保我後世子孫黎衆也惠棟校宋本同閩監本世字空闕毛本世誤之

亦望有利益哉也惠棟校宋本同閩本望字空闕監毛本望字脫

娼妬也閩監本同毛本妬作妒下並同

以憎惡之也毛本同閩監本惡字空闕

而違戾抑退之惠棟校宋本同閩本戾字空闕監毛本戾字脫

爲晉所敗於殽閩本同惠棟校宋本同監毛本殽作崤

娼夫妬婦　閩監本同毛本夫妬誤大妒

此一經明人君當先行仁義　閩本同監本人字模糊毛本人誤夫

謂仁德之君以財散施　閩監毛本作君此本君字闕考文引宋板君作者

此在治家治國天下之科　惠棟挍宋本同閩監毛本在字空闕

未有上好仁而下不好義者也　閩監毛本同惠棟挍宋本也下有者字下非其財者也同

無有不愛好於義　毛本同閩監本不字空闕

未有好義其事不終者也言臣下悉皆好義　考文引宋板同閩本言字空闕監毛本言作者

其事不終也言皆能終成也　考文引宋板同閩本也字闕監毛本也作者

又爲人君作譬也惠棟挍宋本同閩監毛本也字空闕按宋本又上有者字屬上句

必還爲所用也惠棟挍宋本同閩監毛本還字空闕

以至誠相感惠棟挍宋本同閩監毛本以字空闕

其爲誠實而然惠棟挍宋本同閩監毛本誠字空闕

孟獻子曰畜馬乘不察於雞豚者此一經明治國家不可務於積財若務於積財則是小人之行非君上之道言察於雞豚之所利爲畜養馬乘士初試爲大夫不闚察於雞豚之小利○伐冰之家不畜牛羊者謂卿大夫喪祭用冰從固陰之處伐擊其冰以供喪祭故云伐冰也謂卿大夫爲伐冰之家不畜牛羊爲財利以食祿不

與人爭利也○百乘之家不畜聚斂之臣者百乘謂卿大夫有采地者也以地方百里故云百乘之家言卿大夫之家不畜聚斂之臣使賦稅什一之外徵求采邑之物也故論語云百乘之家是也○與其有聚斂之臣寧有盜臣者覆解不畜聚斂之臣意若其有聚斂之臣寧可有盜竊之臣以盜臣但害財聚斂之臣則害義也○此謂國不以利爲利以義爲利也者言若能如上所言是國家之利但以義事爲國家利也○長國家而務財用者必自小人矣者言爲人君長於國家而務積聚財以爲己用者必自爲小人之行也○注孟獻至可也惠棟

挍宋本同閩監毛本多闕字衍字誤字

百乘之家家是卿大夫惠棟挍宋本家字不重是卿二字同閩監毛本是卿誤至爲

故知士初試爲大夫也惠棟挍宋本同衞氏集說同閩監毛本夫下衍者字

士若恩賜及食而得用亦有冰也惠棟挍宋本同閩監毛本士誤上而得用

三字空闕

左傳又云食肉之祿冰皆與焉惠棟挍宋本同閩監毛本左誤全傳又云之祿

五字空闕

有采地者也此謂卿也故論語云惠棟挍宋本同閩監毛本此謂論語四字

空闕

一同之廣輪是也惠棟挍宋本同衞氏集說同閩監毛本廣誤度

彼爲善之彼謂君也 惠棟挍宋本同閩監毛本下彼誤者

善其政教之語辭故云彼爲善之 惠棟挍宋本同閩監毛本辭故云三字空闕

言君欲爲善反令小人 惠棟挍宋本同閩監毛本善反二字空闕

故菑害患難則並皆來至 惠棟挍宋本同閩監毛本則並誤財利皆來二字空闕

旣使小人治國其君雖有善政亦無能奈此患難之何

言不能止之以其惡之已著故也 惠棟挍宋本同閩監毛本其君雖有四字空闕善政下衍之字能奈下衍二空闕以其下衍三空闕

附釋音禮記注疏卷第六十 惠棟挍宋本禮記正義卷第六十七終記云凡十六頁宋監本禮記卷第十九經三千四百三十二字注三千五百一十三字嘉靖本同

止

# 附釋音禮記注疏卷第六十一



禮記　鄭氏注　孔穎達疏

## 冠義第四十三

○陸曰冠音古亂反鄭云名冠

【疏】正義曰案鄭目録云名曰冠義者以其記冠禮成人之義此於別録屬吉事但冠禮起早晚書傳旣無正文案略說稱周公對成王云古人冒而句領注云古人謂三皇時以冒覆頭句領繞頸至黃帝時則有冕也故世本云黃帝造火食旒冕是冕起於黃帝也但黃帝以前則以羽皮爲之冠黃帝以後乃用布帛其冠之年卽天子諸侯十二而冠故襄九年左傳云國君十五而生子冠而生子禮也又云一星終也是十二年歲星一終案文王十五而生武王尚有兄伯邑考金縢云王與大夫盡弁時成王十五而著弁則成王已冠矣是天子十二而冠與諸侯同又祭法云王下祭殤五若不早冠何因下祭五等之殤大夫冠之年幾無文案喪服大夫爲昆弟之長殤大夫旣爲昆弟長殤則不二十始冠也其士則二十而冠也曲禮云二十曰弱冠是也其天子之子亦早冠所以祭殤有五其諸侯之子皆二十冠也故下檀弓云君之適長殤及大夫之適長殤是也

凡人之所以爲人者禮義也禮義之始在於正容體齊顏色順辭令言人爲禮以此三者爲始容體正顏色齊辭令順而后禮義備以正君臣親父子和長幼言三始既備乃可求以三行也○長丁丈反下同行下孟反君臣正父子親長幼和而后禮義立立猶成也故冠而后服備服備而后容體正顏色齊辭令順言服未備者未可求以三始也童子之服采衣紒○冠古亂反除下文玄冠及注緇布冠玄冠以外並同紒音計故曰冠者禮之始也是故古者聖王重冠古者冠禮筮日筮賓所以敬冠事敬冠事所以重禮重禮所以爲國本也國以禮爲本○筮市至反蓍曰筮重直用反後同故冠於阼

以著代也。醮於客位，三加彌尊，加有成也。阼謂主人之北也。適子冠於阼，若不醴則醮用酒於客位，敬而成之也。戶西爲客位。庶子冠於房戶外，又因醮焉，不代父也。冠者初加緇布冠，次加皮弁，次加爵弁，每加益尊，所以益成也。○阼，才故反。著，張慮反。醮，子笑反。彌音弥。適音嫡。醴音禮。

已冠而字之，成人之道也。字所以相尊也。見於母，母拜之；見於兄弟，兄弟拜之，成人而與爲禮也。玄冠玄端，奠摯於君，遂以摯見於鄉大夫、鄉先生，以成人見也。鄉先生，同鄉老而致仕者。服玄冠玄端，異於朝也。○見，賢遍反，下皆同。摯本亦作贄，同音至。鄉大夫、鄉先生並音香，注同。朝，直遥反。

成人之者，將責成人禮焉也。責成人禮焉者，將責爲人子、爲人弟、爲人臣、爲人少者之禮行焉。將責四者之行於人其禮可不重與○言責人以大禮者已接之不可以苟少詩照反之行下孟反下同與音餘故孝弟忠順之行立而后可以爲人可以爲人而后可以治人也故聖王重禮故曰冠者禮之始也嘉事之重者也是故古者重冠重冠故行之於廟行之於廟者所以尊重事尊重事而不敢擅重事不敢擅重事所以自卑而尊先祖也嘉事嘉禮也宗伯掌五禮有吉禮有凶禮有賓禮有軍禮有嘉禮而冠屬嘉禮周禮曰以昏冠之禮親成男女也○弟音悌治直吏反擅市戰反〔疏〕凡人至祖也○正義曰此一節明人之所以相敘加冠之事從始至終各隨文解之○凡人之所以爲人者禮義也者言人之所以得異於禽獸者以其行禮義也禮義之事終身行之○禮義之始在於正容體齊顏色順辭令者言欲一世行禮之始先須正容體齊顏色順辭令爲先

也然後可以正君臣親父子和長幼○古者冠禮者此明將冠之時筮日筮賓重冠禮之事又明冠禮三加其冠以漸成人之禮○故冠於阼以著代也者言適子必加冠於阼阼是主人接賓之處今適子冠於阼階所以著明代父之義也○醮於客位三加彌尊加有成也者若依周禮適子醴於客位今云醮者或因先代夏殷之禮醮之用酒於客位室戶外之西必在賓客位者尊以成人之禮賓客待之三加初加緇布冠次加皮弁冠三加爵弁冠彌漸而尊故云三加彌尊加有成也謂加益有成人之事矣○注阼位至成也○正義曰阼謂主人之北也知者案士冠禮文也云若不醴則醮用酒者亦士冠禮文以周禮之法適子則以醴禮之庶子則以酒醮之若先代之禮雖適子皆以酒醮之其於周時或有舊俗行先代之禮雖適子亦用酒醮則因而行不必改也故鄭注士冠禮云若不醴謂國有舊俗可行聖人用焉不改是也醮者醮盡之義故鄭注士冠禮云酌而無酬酢曰醮是也云庶子冠於房戶外又因醮焉者皆士冠禮文也但此記之作是記儀禮士冠禮之事士禮故三加也若大夫亦同士冠禮云無大夫冠禮古者五十而后爵何大夫冠禮之有是大夫雖冠用士禮若諸侯則有冠禮故左傳云公冠用裸享之禮行之金石之樂節之其加則四加而有玄冕也故大戴禮公冠四加

也諸侯尚四加加則天子亦當五加袞冕也已冠而字之者此
明冠畢加字見母及兄弟及見君之飾以其成人而見人也
未冠之前以其名別之既冠之後又改以字且人二十有爲
父之道不可復言其名故冠而加字之成人之道也○見於
母母拜之故不拜也今唐禮母見子但起立不拜也案儀禮
廟中冠子以酒脯奠廟訖子持所奠酒脯以見於母母拜其
酒脯重從尊者處來故拜之非拜子也○玄冠玄端奠摯於
君者此玄冠玄端則異於朝服之衣但玄端上士則玄裳中
士則黃裳下士則雜裳以其初成人故著玄端異於朝服也
若朝服則素裳奠摯奠之於君也○人遂以摯見於鄉大夫鄉
先生者以摯謂以雉也故士相見禮冬用雉夏用腒見於鄉
大夫謂在朝之卿○大夫也鄉先生謂鄉老而致仕也○成人
之者此明加冠成人之義必成人者將責成人禮焉冠責以
成人之事若成人事立可以治人也是冠者爲治之本故先
王重之行之於廟士行之於禰廟故士冠禮注謂禰廟既
在禰廟此云尊先祖者尊禰即尊先祖之義且下士祖禰共
廟○其諸侯則冠於太祖之廟故左傳云先君之祧以處之聘
禮不腆先君之祧鄭注以爲始祖之廟則天子當冠於始祖
廟也服虔注左傳先君之祧處之以爲曾祖廟者以左傳魯
襄公冠於衛成公之廟衛成公則當今衛君獻公曾祖服虔

望時解之故以祧
爲曾祖非鄭義也

# 昏義第四十四

○陸曰鄭云昏義者以其記娶妻之義內教之所由成也

疏正義曰案鄭目録云名曰昏義者以其記娶妻之義內教之所由成也此於别録屬吉事也謂之昏者案鄭昏禮目録云娶妻之禮以昏爲期因名焉必以昏者取其陰來陽往之義日入後二刻半爲昏以定稱之壻曰昏妻曰姻故經解注云壻曰昏妻曰姻是也謂壻以昏時而來妻則因之而去也若壻之與妻之屬名壻之親屬名之曰姻女之親屬名之爲昏故鄭注昏禮云女氏稱昏壻氏稱姻爾雅壻之父爲姻婦之父爲婚又云壻之黨爲姻兄弟婦之黨爲婚兄弟是也其天地初分之後遂皇之時則有夫婦故通卦驗云遂皇始出握機矩是法北斗七星而立七政禮緯斗威儀之篇七政則君臣父子夫婦及政等既稱夫婦是始自遂皇也譙周云太昊制嫁娶儷皮爲禮是儷皮起於太昊也其媒官之義具於月令疏孟子云舜不告而娶是娶告父母亦起於五帝也其五帝以前爲昏不限同姓異姓三王以來文家異姓爲昏質家同姓爲昏其昏之年幾案異義大戴説男三十女二十有昏娶合爲五十應大衍之數自天子達於庶人同一也故春秋左氏説國

君十五而生子禮也二十而嫁三十而娶庶人禮也禮夫爲婦之長殤長殤十九至十六知夫年十四十五見士昏禮也許君謹案舜三十不娶謂之鰥文王十五而生武王尚有兄伯邑考知人君早昏娶不可以年三十非重昏嗣也若鄭意依正禮士及大夫皆三十而後娶及禮云夫爲婦長殤者關異代也或有早娶者非正法矣天子諸侯昏禮則早矣如左氏所釋毛詩所用家語之說以男二十而冠女十五而笄自此以後可以嫁娶至男三十女二十是正昏姻之時與家語異也

昏禮者將合二姓之好上以事宗廟而下以繼後世也故君子重之是以昏禮納采問名納吉納徵請期皆主人筵几於廟而拜迎於門外入揖讓而升聽命於廟所以敬慎重正昏禮也聽命謂主人聽使者所傳壻家之命○昏者一本作昏禮者婚禮用昏故經典多止作昏字合如字徐音閤好呼報反采七在反采擇也期徐音情又如字筵音延使色吏反傳直專反

疏昏禮至禮也○正義曰此

一節總明昏禮之義而拜迎於門外揖讓而升自從始至終也○納采者謂采擇之禮故昏禮云下達納采用鴈也必用鴈者白虎通云鴈取其隨時而南北不失節也又是隨陽之鳥妻從夫之義也問名者問其女之所生母之姓名故昏禮云謂誰氏言女之母何姓氏也此二禮一使而兼行之○納吉者謂男家既卜得吉與女氏也○納徵者納聘財也徵成也先納聘財而后昏成春秋則謂之納幣其庶人則緇帛五兩卿大夫則玄纁玄三纁二加以儷皮及諸侯加以大璋天子加以穀圭皆具於周禮經注也請期者謂男家使人請女家以昏時之期由男家告於女家何必請者男家不敢自專執謙敬之辭故云請也女氏終聽男家之命乃告之納吉納徵請期每一事則使者一人行惟納徵無鴈以有幣故其餘皆用鴈○主人筵几於廟者謂行此等之禮主人謂女父母設筵几於禰廟此等皆據士昏禮而知之也○聽命於廟者謂女之父母聽受壻之使者之命於廟堂之上兩楹之間也

父親醮子而命之迎男先於女也子承命以迎主人筵几於廟而拜迎于門外壻執鴈入揖讓升堂再拜奠鴈

蓋親受之於父母也降出御婦車而壻授綏御輪三周先俟于門外婦至壻揖婦以入共牢而食合巹而酳所以合體同尊卑以親之也

酌而無酬酢曰醮醮之禮如冠醮與其異者於寢耳壻御婦車輪三周御者代之壻自乘其車先道之歸也共牢而食合巹而酳成婦之義○醮子妙反迎魚敬反下以迎同先悉薦反子承命本或作子承父命誤壻或又作聟悉計反女之夫也依字從士從胥俗從知下作耳莫大見反綏音雖合徐音閤又如字巹徐音謹破瓢爲卮也說文作蒸云蠡也字林几敬反以此巹爲警身有所承說文云讀若赤舄几酳徐音胤又仕覲反酢音昨如冠古亂反下又始於冠同與音餘道音導

疏　父親至之也○正義曰此一節明親迎之時父之醮子明迎婦之節○父親醮子而命之迎者謂壻父身親以酒醮子而命之親迎也○男先於女也者釋命親迎之意所以必命迎者欲使男往迎之女則從男迎來也是男子先迎女從後至是男先於女也若男子不迎女自來至是女自先來不得爲男先於女也○主人筵几於廟而

拜迎于門外者主人女之父以壻來親迎故拜迎於門外以敵禮待之○壻執鴈入揖讓升堂再拜奠鴈者主人就東階初入門將曲揖當階北面揖當碑揖至階三讓主人升自阼階揖壻升自西階北面奠鴈再拜蓋親受之於父母也於時女房中南面母在房戶外之西南面壻既拜訖旋降出女出房南面立於母左父西面誡之女乃西行母南面誡之是壻親受之於父母但親受之非是分明手有親受示有親受之義故云蓋以疑之○降出御婦車者謂壻降西階而出親御婦車也○而壻授綏者謂婦升車之時而壻授之以綏○御輪三周者謂壻御婦車之輪三匝然後御者代壻御之○婦至壻揖婦以入者謂婦至壻之寢門壻揖以婦入則稍西避之故魏詩云宛然左辟謂此時也○共牢而食者在夫之寢壻東面婦西面共一牲牢而同食不異牲○合巹而酳者酳演也謂食畢飲酒演安其氣巹謂半瓢以一瓠分爲兩瓢謂之巹壻之與婦各執一片以酳故云合巹而酳○所以合體同尊卑以親之者也同尊卑謂共牢也所以合體同尊卑者欲使壻之親婦婦亦親壻所以體同爲一不使尊卑有殊也○注酌而至歸也○正義曰以鄉飲酒禮燕禮之屬皆爲賓主相酬酢故不稱其醮則但受爵者飲而盡之又不反相酬酢直醮盡而已故稱醮也然醴亦無酬酢不云醮者以醴尚

質不爲飲也故不稱醮但禮敬之而已云醮之禮如冠醮與其異者於寢耳者以父之醮子令其親迎與醮子冠而成人其事相似故云如冠醮與但冠禮醮子在廟此醮子在寢故云其異者在寢耳

敬愼重正而后親之禮之大體而所以成男女之別而立夫婦之義也男女有別而后夫婦有義夫婦有義而后父子有親父子有親而后君臣有正故曰昏禮者禮之本也言子受氣性純則孝孝則忠也○別彼列反下同

【疏】敬愼至本也○正義曰前經明共牢合卺使之相親此經論謹愼重正禮之根本各隨文解之○敬愼重正者言行昏禮之時必須恭敬謹愼尊重正禮而後男女相親若不敬愼重正則夫婦久必離異不相親也○昏禮者禮之本也者夫婦昏姻之禮是諸禮之本所以昏禮爲禮本者昏姻得所則受氣純和生子必孝事君必忠孝則父子親忠則朝廷正故孝經云喪則致其哀祭則致其嚴是昏禮爲諸禮之本也

夫禮始於冠本於昏重

於喪祭尊於朝聘和於射鄉此禮之大體也始猶根也本猶幹也鄉鄉飲酒。朝聘直遥反下匹正反〔疏〕夫禮至體也。正義曰此經因昏禮爲諸禮之本遂廣明禮之始終始則在於冠昏終則重於喪祭其間有朝聘鄉射是禮之大體之事也

夙興婦沐浴以俟見質明贊見婦於舅姑執笲棗栗段脩以見贊醴婦婦祭脯醢祭醴成婦禮也成其爲婦之禮也贊醴婦當作禮聲之誤也。沐音木浴音欲見賢遍反下及注同笲音煩一音皮彥反器名以葦若竹爲之其形如筥衣之以青繒以盛棗栗腶脩之屬棗音早爾雅云棘實謂之棗俗作棗誤段脩丁亂反本又作腶或作鍛同脩脯也加薑桂曰腶脩何休云婦執腶脩者取其斷斷自脩飾也贊醴依注作禮醢音海

舅姑入室婦以特豚饋明婦順也以饋明婦順者供養之禮主於孝順。婦以特豚饋其位反一本無婦字供俱用反養羊尚反

厥明舅姑共饗婦以一獻之禮

奠酬舅姑先降自西階婦降自阼階以著代也言既獻之而授之以室事也降者各還其燕寢婦見及饋饗於適寢昏禮不言厥明此言之者容大夫以上禮多或異日。適丁歷反上時掌反【疏】夙興至代也。正義曰此論昏禮明日婦見舅姑舅姑醴婦又舅姑入室婦饋特豚又明日舅姑饗婦之節此即士昏禮也故有特豚饋於舅姑若大夫以上非惟特豚而已雖以士爲主亦兼明大夫故有厥明舅姑共饗婦若士婦見舅姑之日即舅姑饗婦故士昏禮舅姑醴婦醴婦既訖則饗之不待厥明也。婦執笲棗栗段脩以見者案士昏禮舅坐於阼階西面姑坐于房外南面婦執笲棗栗進東面拜奠于舅席訖婦又執腶脩升進北面拜奠于姑席是也。贊醴婦婦祭脯醢祭醴者案士昏禮婦席于戶牖間贊者酌醴置於席前北面婦於席西東面拜受贊者西階上北面拜送又拜薦脯醢婦升席左執觶右祭脯醢訖以柶祭醴三是祭脯醢祭醴也。成婦禮也者言所以見舅姑及醴之者成其爲婦之禮也。舅姑入室婦以特豚饋者案士昏禮舅姑入于室婦盥饋特豚合升側載無魚腊無稷並南上其他如取女禮鄭注云側載者右胖載之舅俎左胖載之姑俎異尊卑並南上者舅姑共席于奧其饌各以南爲上是特豚饋也○明婦順也者言所以特豚饋者顯明其爲婦之孝順也○厥明舅姑共饗婦以一獻之禮奠酬者案士昏禮云既言舅姑薦俎醢以鄉飲酒之禮約之席在室外戶之西舅酌酒於阼階獻婦婦西階上拜受即席祭薦祭酒畢於西階上北面卒爵婦酢舅舅於阼階上受酢飲畢乃酬婦先酌自飲畢更酌酒以酬姑姑受爵奠於薦左不舉爵正禮畢也○以著代也者言所以舅姑降自西階婦降自阼階是舅姑所升之處今婦由阼階而降是著明代舅姑之事也○注降者至異日○正義曰各還其燕寢者舅姑還舅姑之燕寢婦還婦之燕寢也云婦見及饋饗於適寢者謂舅姑之適寢云昏禮不言厥明此言之者容大夫以上禮多或異日以此云厥明與士昏禮異也

成婦禮明婦順又申之以著代所以重責婦順焉也婦順者順於舅姑和於室人而后當於夫以成絲麻布帛之事以審守委積蓋藏室人謂女妐女叔諸婦也當猶稱也後言稱夫者不順舅姑不和室人雖有善者猶不爲稱夫也○當丁浪反一音于郎反下注同

下注和當亦同委於僞反積子賜反藏才浪反猶稱尺證反下同是故婦順備而后內和理內和理而后家可長久也故聖王重之順備者行和當事成審也○行下孟反

疏 成婦至重之○正義曰此經明上經成婦禮明婦順之事若婦順既成則室家長久故聖王所重也○成婦禮者則上經婦祭脯醢祭醴之等是成婦禮也○明婦順者則上經舅姑入室以特豚饋是明婦順也○又申之以著代者則上經婦降自阼階以著代是也申重也既明婦禮順又重加之以著代之義也○所以重責婦順焉也者言成婦禮明婦順則至著代所以厚重責婦人之孝順焉分之則婦禮婦順著代三者別文皆揔歸於婦順故自此以下唯申明婦順也○以審守委積蓋藏者言既當夫氏又成婦事以此詳審保守家之所有委積掩蓋藏聚之物也○注室人謂女妐女叔諸婦也○正義曰經既言順於舅姑乃和於室人是在室之人非男子也女妐謂壻之姊也女叔謂壻之妹諸婦謂娣姒之屬○注云順備者行和當事成審也○正義曰行是順於舅姑和謂和於室人當謂當於夫則前經所說是也云事成審者則是前經以成絲麻布帛之事以審守委積蓋藏是事成審也

以古者婦人先嫁三月祖廟未毀教于公宮祖廟既毀教于宗室教以婦德婦言婦容婦功教成祭之牲用魚芼之以蘋藻所以成婦順也

謂與天子諸侯同姓者也嫁女者必就尊者教成之教成之者女師也祖廟女所出之祖也公君也宗室宗子之家也婦德貞順也婦言辭令也婦容婉娩也婦功絲麻也祭之祭其所出之祖也魚蘋藻皆水物陰類也魚爲俎實蘋藻爲羹菜祭無牲牢告事耳非正祭也其齊盛用黍云君使有司告之宗子之家若其祖廟已毀則爲壇而告焉○先悉薦反芼莫報反蘋音頻藻音早毛詩于以采蘋于以采藻詩箋云蘋之言賓藻之言早婉紆免反娩音晚詩箋云婉娩貞順貌又音挽齊音咨壇徒丹反

【疏】是以至順也○正義曰此經更發明前經成婦順之事所以能成婦德者以未嫁之前先教以四德故此經明嫁所教之事○祖廟未毀教于公宮者此謂與君爲骨肉親廟有四高祖之廟未毀除此欲嫁之女教于公宮也祖廟既毀教於宗室者謂與君四從以外同高祖之父以上其廟既遷是祖廟既毀此女則

教於大宗子之室○教成祭之者謂三月教之其教已成成祭女所出祖廟告以教成也○所以成婦順也者以爲未嫁之前先教四德又祭而告但成其爲婦之順欲使嫁而爲婦舉遵此教而成和順○注謂與至告焉○正義曰此云教於公宮故知是天子諸侯同姓也天子當言王宮今經云公宮如兼天子者此云公宮謂公之宮也若天子公邑官家之宮爾非謂諸侯公宮也此昏義雖記士昏禮之事自此以下廣明天子以下教女及夫婦之義故此經教女舉貴者言云嫁女者必就尊者教成之者按内則女子十年不出使姆教成之明已前恒教但嫁前三月特就公宮之教欲尊之也云教之者女師也者即詩周南云言告師氏則昏禮注云姆婦人五十無子出者也云祖廟女所出之祖也者謂女父與君所分出之祖或與君共高祖而分出以下皆然與諸侯共高祖廟未毀所出之女皆自公宮教之天子雖七廟親廟上自高祖以下也云公君也者鄭恐唯謂諸侯之公故解公爲君天子諸侯皆稱君云宗室宗子之家也者鄭注不云大宗小宗則大宗小宗之家悉得教之與大宗近者於大宗教之與大宗遠者於小宗教之此記謂君之同姓若君之異姓異姓始祖在者其後亦有大宗小宗其族人嫁女各於其家也云祭之祭其所出之祖也者此女出於君之高祖則祭高祖廟出於

君之曾祖則祭曾祖以下皆然女親行祭詩云誰其尸之有齊季女是也云祭無牲牢告事耳非正祭也者以祭君之廟應用牲牢今其俎唯魚故云告事耳非正祭也云其齊盛用黍者以其告祭不用正牲則無稻粱既以蘋藻爲羹則當有齊盛此士祭特牲黍稷故知此亦用黍也云君使有司告之者約雜記釁廟使有司行之故知此告成之祭亦使有司也若有卿大夫以下則女主之宗子掌其禮也云若其祖廟已毀則爲壇而告焉者此謂與宗子或同曾祖假令宗子爲士只有父祖廟曾祖高祖無廟則爲壇於宗子之家而告焉若與宗子同曾祖則爲壇告曾祖焉若與宗子同高祖則爲壇告高祖焉此注或有作墠者誤也所以知者以祭法篇適士二廟一壇則曾祖爲壇也大夫三廟二壇則高祖及高祖之父爲壇或可宗子爲中士下士但有二廟無壇則爲墠而告之也

○古者天子后立六宮三夫人九嬪二十七世婦八十一御妻以聽天下之內治以明章婦順故天下內和而家理天子立六官三公九卿二十七大夫八

十一元士以聽天下之外治以明章天下之
男教故外和而國治故曰天子聽男教后聽
女順天子理陽道后治陰德天子聽外治后
聽內職教順成俗外內和順國家理治此之
謂盛德天子六寢而六宮在後六官在前所以承副施外內之政也三夫人以下百二十人周制也三公以下百二十人似夏時也合而言之取其相應有象大數也內治婦學之法也陰德謂主陰事陰令也○嬪毗人反治直吏反下及注除后治陰德皆同應如字音應對之應

【疏】古者至盛德○正義曰此一經因上夫婦昏禮之事故此明天子與后各立其官掌內外之事法陰陽所爲但后之所立六宮周之法也天子所爲立六官夏之制也欲見其數相當故以夏周相對爲內外也○注天子至令也○正義曰按宮人云掌王之六寢之修注路寢一小寢五是天子六寢也云六宮在後者后之六宮在王之六寢之後亦大寢一小寢五其九嬪以下亦分居之其三夫人雖不分居六宮亦分主

六宮之事或三宮則一人也或猶如三公分主六卿之類也云六官在前者六卿之官在王六寢之前其三孤亦分主六官之職摠謂之九卿故考工記云外有九室九卿朝焉是也云三公以下百二十人者周三百此百二十人延於百數故云似夏時以無正文故稱似也云內治婦學之法也者案九嬪職云掌婦學之法故知內治是婦學也云陰德謂主陰事陰令也者案內宰掌王之陰事陰令注云陰事謂羣妃御見之事陰令為王所求為於北宮也是故男教不脩陽事不得適見於天日為之食婦順不脩陰事不得適見於天月為之食是故日食則天子素服而脩六官之職蕩天下之陽事月食則后素服而脩六宮之職蕩天下之陰事故天子之與后猶日之與月陰之與陽相須而后成者也適之言責也食者見道有虧傷也蕩蕩滌去穢惡也○適直革反下注同見賢

天子脩男遍反下及注同曰爲于僞反下文皆同蕩徒浪反滌直歷反又杜亦反去起呂反穢紆廢反教父道也后脩女順母道也故曰天子之與后猶父之與母也故爲天王服斬衰服父之義也爲后服資衰服母之義也父母者施教令於婦子者也故其服同資當爲齊聲之誤也○衰七雷反下同資依注作齊音咨注又作齎者同

【疏】是故至義也○正義曰此以下說男女之教若其不得日月爲之適食又明天子與后是父之與母之義○是故日食則天子素服而脩六官之職蕩天下之陽事者謂救日之時著素服蕩除天下之陽事有穢惡者案左傳昭三十一年十二月辛亥朔日有食之庚午之日始有讁讁謂日之將食之氣氣見於上所以責人君也故詩云十月之交朔月辛卯日有食之亦孔之醜又云此日而食于何不臧是君之不善而日食凡日食若壬午朔日有食之左傳云公問於梓慎禍福何爲對曰二至二分日有食之不爲災也日月之行也分同道也至相過也其他月則爲災陽不克也故常爲水也然詩之十月則夏之八月秋分日食而爲

災者以辛卯之日卯往侵辛木反克金故爲災昭七年夏四月甲辰朔日有食之而大咎衛君上卿四月夏之二月爲災者以其甲辰之日甲爲木辰爲土卯當克土今日食土反克木故爲災也昭二十一年秋七月壬午朔而日食壬爲水午爲火水應克火而日食火反克水不爲災者以秋七月夏之五月是壬午之時得有克壬之理故不得爲災杜預以爲假日食之異以戒懼人君其言若信若不信不可定以爲驗也

## 鄉飲酒義第四十五

○陸曰鄭云鄉飲酒義者以其記鄉大夫飲賓於庠序之禮尊賢養老之義也別録屬吉禮【疏】正義曰案鄭目録云名曰鄉飲酒義者以其記鄉大夫飲賓于庠序之禮尊賢養老之義此於別録屬吉事儀禮有其事此記釋其義也但此篇前後凡有四事一則三年賓賢能二則卿大夫飲國中賢者三則州長習射飲酒也四則黨正蜡祭飲酒揔而言之皆謂之鄉飲酒知此篇合有四事者以鄭注鄉人鄉大夫又云士州長黨正鄭又云飲國中賢者亦用此禮也鄭必知此篇鄉大夫賓賢能及飲國中賢者并州長黨正者以此經云鄉人即鄉大夫士則州長黨正又云君子謂卿大夫飲國中賢者下又云六十者坐五十者立侍亦是黨正飲酒之事下

又云合諸鄉射是亦州長習射之禮鄭以此參之故知此篇兼有四事鄉則三年一飲州則一年再飲黨則一年一飲也所以然者天子六鄉諸侯三鄉卿二鄉大夫一鄉各有鄉大夫而鄉有鄉學取致仕在鄉之中大夫爲父師致仕之士爲少師在於學中名爲鄉先生教於鄉中之人謂鄉學每年入學三年業成必升於君若天子鄉則升學士於天子若諸侯之鄉則升學士於諸侯凡升之必用正月也將用升之先爲飲酒之禮鄉大夫與鄉先生謀事學生最賢使爲賓次者爲介又次者爲衆賓此鄉大夫爲主人與之飲酒而後升之故周禮鄉大夫職云三年則大比攷其德行道藝而興賢者能者鄉老及鄉大夫帥其吏與其衆寡以禮禮賓之鄭云賢者有德行者能者有道藝者故鄭云古者年七十而致仕老於鄉里大夫名曰父師士名少師而教學焉恒知鄉人之賢者是以大夫就而謀之賢者以爲賓其次以爲介又其次爲衆賓而與之飲酒是亦將獻之以禮禮賓之也若州一年再飲者是春秋習射因而飲之以州長爲主人也若黨一年一飲者是歲十二月國於大蜡祭而黨中於學飲酒子貢觀蜡是也亦黨正爲主人也此鄉飲酒之義說儀禮鄉飲酒也但儀禮所據是諸侯之鄉大夫三年賓賢能之禮故鄭儀禮鄉飲酒目錄云諸侯之鄉大夫三年將獻賢者於君以禮賓與之

飲酒是也鄭必知諸侯鄉大夫者以鄉飲酒禮云磬階間縮霤注云大夫而特縣方賓鄉人之賢者從士禮也若天子之大夫特縣則鍾磬並有今唯云磬故知諸侯之鄉大夫也若諸侯之州長則士也故儀禮鄉射是諸侯州長經稱鹿中記云士則鹿中明非諸侯之鄉大夫爲之也

鄉飲酒之義主人拜迎賓于庠門之外入三揖而后至階三讓而后升所以致尊讓也庠鄉學也州黨曰序○庠音詳學記云古之教者家有塾黨有庠術有序國有學盥洗揚觶所以致絜也揚舉也今禮皆作騰○盥音管觶之豉反說文云鄉飲酒角也字林音支絜音結下同一本作致絜敬也拜至拜洗拜受拜送拜既所以致敬也拜至謂始升時拜拜賓至尊讓絜敬也者君子之所以相接也

君子尊讓則不爭絜敬則不慢不慢不爭則

遠於鬭辨矣不鬭辨則無暴亂之禍矣斯君子。所以免於人禍也故聖人制之以道道謂此禮。爭爭鬭之爭下同遠于萬反辨如字徐甫免反下同

疏　鄉飲至以道。正義曰此一節發明鄉飲酒之禮拜迎至拜洗相尊敬之事故聖人制之以道也。鄉飲酒之義主人拜迎賓于庠門之外者謂鄉大夫故迎賓于庠門外若州長黨正則於序門外也。盥洗揚觶者謂主人將獻賓以水盥手而洗爵揚觶謂既獻之後舉觶酬賓之時亦盥洗也必盥洗者所以致其絜敬之意也。拜至者謂賓與主人升堂之後主人於阼階之上北面再拜是拜至也。拜洗者謂主人拜至訖洗爵而升賓於西階上北面再拜拜主人洗也。拜受者賓於西階上拜受爵也。拜送者主人於阼階上拜送爵也。拜既者既盡也賓飲酒既盡而拜也。所以致敬也者言賓主相拜致其恭敬之心。尊讓絜敬也者言入門而三揖三讓是尊讓盥洗揚觶是絜也拜至拜洗之等是致敬也故揔結之云尊讓絜敬也者君子之所以相接也。注庠鄉學也州黨曰序。正義曰案州長職云春秋射于州序黨正云屬民飲酒于序是州黨曰序有室謂之序無室謂之

序鄉學爲庠州黨爲序學記云黨有庠者謂鄉人在州黨但於鄉之庠庠學不別立也則州黨曰序必是無室今案鄉射云豫則鉤楹內堂則由楹外故鄭注云庠之制有堂有室也豫讀如成周宣謝災之謝凡屋無室曰謝今文豫爲序序乃夏后氏之學亦非也以此言之則州黨爲序其義非也今云州黨曰序者但州黨之序雖並皆無室今鄉射則鉤楹內是內之深無室事顯正得讀豫爲謝是無室故也不得讀豫爲序以序非無室之名故云非也以有楹內楹外之言故鄭特云序非也謂正鄉射文非非是餘處序字皆非也餘處之序並皆無室也但有虞氏之庠周以爲鄉學夏后氏之序周以爲州黨之學明夏時之序則有室也周時州黨之序則無室也序名雖同其制則別故鄉射注云序乃夏后氏之學非謂州黨之學也以鄉射爲豫已非今文爲序又非故云亦非鄉學雖爲序云亦有東西牆謂之序故鄉飲酒或云序東西州學雖爲序據其序內亦有堂稱故鄉射或云堂東堂西也

鄉人士君子尊於房中之間賓主共之也尊有玄酒貴其質也鄉人鄉大夫也士州長黨正也君子謂卿大夫士也鄉大夫士飲國中賢者亦用此禮也共尊者人臣卑不敢專大惠。鄉人士君子周禮天子六鄉鄭司農云百里內爲六鄉外爲六遂司徒職云五家爲比五比爲閭四閭爲族五族爲黨五黨爲州五州爲鄉鄉大夫每鄉卿一人州長每州中大夫一人黨正每黨下大夫一人族師每族上士一人閭胥每閭中士一人比長五家下士一人諸侯則三鄉長丁丈反篇內皆同謂卿去京反注同飲於鴆反

羞出自東房主人共之也

羞燕私可以自專也○羞音脩共音恭

洗當東榮主人之所以自絜而以事賓也

絜猶清也○榮如字屋翼也劉音營清如字皇才性反

〔疏〕鄉人至賓也○正義曰此一節明設尊及玄酒貴其質素又羞出東房及東榮設洗主人事賓之義也鄉人謂鄉大夫也士謂州長黨正也君子者謂鄉大夫也○尊於房戶之間賓主共之也者以鄉大夫等唯有東房故設酒尊於東房之西室戶之東在賓主之間示賓主之共有此酒也酒雖主人之設賓亦以酢主人故云賓主共之也○尊有玄酒貴其質也者北面設尊玄酒在左謂在酒尊之西也所以設玄酒在西者地道尊右貴其質素故也○羞出自東房主人共之也者謂供於賓也○洗當東榮榮屋翼也設洗於庭當屋翼也必在東者示主人所以自絜以事賓從冠義以來皆

記者疊出儀禮經文每於一事之下釋明儀禮經義每義皆舉經文於上陳其義於下以釋之也他皆倣此也賓主象天地也介僎象陰陽也三賓象三光也讓之三也象月之三日而成魄也四面之坐象四時也陰陽助天地養成萬物之氣也三賓象天三光者繫於天也古文禮僎皆作遵○介音戒下倣此輔賓者僎音遵輔主人者魄普百反說文作霸云月始生魄然也坐才臥反又如字天地嚴凝之氣始於西南而盛於西北此天地之尊嚴氣也此天地之義氣也天地溫厚之氣始於東北而盛於東南此天地之盛德氣也此天地之仁氣也凝猶成也○凝魚矜反主人者尊賓故坐賓於西北而坐介於西南以輔賓賓者接人以義者

也故坐於西北賓者接人以義言賓故以成主人之惠主人者接人以德厚者也故坐於東南而坐僎於東北以輔主人也以僎輔主人以其仕在官也仁義接賓主有事俎豆有數曰聖聖立而將之以敬曰禮禮以體長幼曰德聖通也所以通賓主之意也將猶奉也德也者得於身也故曰古之學術道者將以得身也是故聖人務焉術猶藝也得身者謂成已令名免於刑罰也言學術道則此說賓賢能之禮〔疏〕賓主至務焉○正義曰此一節明賓主介僎坐謂位之義也賓主象天地也介僎象陰陽也者天地則陰陽著成爲天地故賓在西北天地嚴凝之氣著主在東南天地溫厚之氣著介坐在西南象陰之微氣僎在東北象陽之微氣○三賓象三光者謂衆賓也○四面之坐象四時也者主人東南象夏始賓西北象冬始僎東北象春始介西南象秋始其四時不離天地陰陽之內而

坐即是賓主介僎之所象也○曰聖者聖通也謂上諸事並是通賓主之意也聖立而將之以敬曰禮者謂通賓主之事其道已立能將行之以恭敬乃謂之禮也○禮以體長幼曰德德者得也既能有禮以體成長幼於事得宜故曰德也○德也者得於身也○重釋稱德之義是得善行於其身謂身之所行者得於理也○古之學術道者將以得身也者術者藝也言古之人學此才藝之道也將以得身也謂使身得成也此謂賓賢之人有術道今以賓敬接待之事其尊敬學習術道身得成就而有令名○是故聖人務焉者以上賓主德義之事於禮最重故聖人務行焉

祭薦祭酒敬禮也嚌肺嘗禮也啐酒成禮也於席末言是席之正非專爲飲食也爲行禮也此所以貴禮而賤財也卒觶致實於西階上言是席之上非專爲飲食也此先禮而後財之義也先禮而後財則民作敬讓而不爭矣非專爲飲食言主於

相敬以禮也致實謂盡酒也酒爲觴實祭薦祭酒嚌肺於席中唯啐酒於席末也○祭薦本亦作藨同嚌才細反肺芳廢反啐七内反專爲于僞反下及注專爲同

【疏】祭薦至爭矣○正義曰此一節明飲酒之禮祭薦祭酒相尊敬之心貴禮賤財之義○祭薦者主人獻賓賓即席祭所薦時脯醢也○祭酒者賓既祭薦又祭酒也○敬禮也者言賓既祭薦又祭酒是賓敬重主人之禮也○嚌肺者禮也○賓既祭酒之後興取俎上之肺嚌齒之所以嘗主人之禮也○啐酒成禮也於席末者啐謂飲主人酒而入口成主人之禮於席末謂席西頭也案鄉飲酒禮祭薦祭酒嚌肺皆在席之中唯啐酒在席之末又鄉飲酒禮云祭脯醢奠爵右取肺卻左手右絶末以祭尚左手嚌之興加于俎坐捝手遂祭酒嚌肺在前祭酒在後此先云祭酒者嚌是嘗嚌之名祭酒是未飲之稱故祭酒與祭薦相連表其敬禮之事○言是席之正非專爲飲食也者若此席專爲飲食應於席中啐酒今乃席末啐酒此席之設本不爲飲食是主人敬重於賓故設席耳祭薦祭酒嚌肺在席中者敬主人之物故在席中啐酒入於已故在席末也○此所以貴禮而賤財也者於席上祭薦祭酒是貴禮席末啐酒是賤財也○卒觶致實於西階上言是席之上非專爲飲食也者卒觶主人酬賓賓卒立以兵觶也致實謂致

盡其所賓之酒於西階上不就席卒觶者言此○席之上非專爲飲食也故不於席所而卒觶啐纔始入口猶在席末也卒觶則盡爵故遠在西階上前文方論設席之禮故言是席之正此覆說前席故變文言是席之上上亦正也此先禮而後財之義也者先禮則貴後財則賤則亦上下互而相通也○注致實至末也○正義曰以經卒觶致實既云卒觶論其將欲卒觶之時舉其事者致實論其盡酒之體故更言致實也云酒爲觴實者以盡酒稱致實之意酒爲觴中之實今致盡此實也云祭薦祭酒嚌肺於席中唯啐酒於席末也者皆鄉飲酒禮文

鄉飲酒之禮六十者坐五十者立侍以聽政役所以明尊長也六十者三豆七十者四豆八十者五豆九十者六豆所以明養老也民知尊長養老而后乃能入孝弟民入孝弟出尊長養老而后成教成教而後國可安也君子之所謂孝者

非家至而日見之也合諸鄉射教之鄉飲酒之禮而孝弟之行立矣此說鄉飲酒謂黨正國索鬼神而祭祀則以禮屬民而飲酒于序以正齒位之禮也其鄉射則州長春秋以禮會民而射于州序之禮也謂之鄉者州黨鄉之屬也或則鄉之所居州黨鄉大夫親爲主人焉如今郡國下令長於鄉射飲酒從大守相臨之禮也○弟音悌下同行下孟反索色百反屬音燭大守音泰下于又反相悉亮反漢制郡有大守國有相或息羊反則以連下句

【疏】鄉飲至立矣○正義曰此明黨正飲酒正齒位之事六十者坐五十者立侍者按鄉飲酒禮賓賢能則用處士爲賓其次爲介其次爲衆賓皆以年少者爲之此正齒位之禮其賓介等皆用年老者爲之其餘爲衆賓賓內年六十以上於堂上於賓席之西南面坐若不盡則於介席之北東面北上其五十者則立於西階下東面北上示有陪侍之義非即在六十者傍同南面立也○以聽政役者所以立於階下示其聽受六十以上政事役使也所以明尊長也者言欲明尊敬六十之長老故立而聽政役○六十者三豆至九十者六豆者以其每十年加一豆非正禮故不得爲籩豆偶也其五十者亦有豆也但二豆而已則鄉

飲酒禮衆賓立於堂下者皆二豆其賓介之豆無正文當依
衆賓之年而加之也○所以明養老也豆是供養之物故云
明養老立侍是陪侍之儀故云明尊長也○而后乃能入孝
弟者人若知尊長養老則能入孝弟之行也民入孝弟謂入
門而能行孝弟○出尊長養老者謂出門而能尊長養老也
○合諸鄉射教之鄉飲酒之禮而孝弟之行立矣者諸於也
謂春秋二時聚合其民於州長鄉射之禮以教之鄉飲酒之
禮謂十月黨正飲酒是教之鄉飲酒之禮既州長教射黨正
教飲酒則民知尊長養老故孝弟之行以此而成立也○注
此說至禮也○正義曰鄭知此經所說是黨正正齒位者以
儀禮鄉飲酒之篇無正齒位之禮今此云六十者坐五十者
立侍故知是黨正正齒位之禮此謂初飲酒之時正齒位及
其禮末皆以醉爲度雜記云一國之人皆若狂是也云其鄉
射則州長春秋以禮會民而射于州序之禮也者此則州長
職文引之者證經中之鄉射也云謂之鄉者州黨鄉之屬也
者既是州長黨正射飲而並謂之鄉者以州黨屬鄉故云鄉
之屬也云或則鄉之所居州黨者鄭更云別解此州黨謂之
鄉鄉之所居此州黨行飲酒射之禮鄉大夫則代此州長黨
正爲主人故得稱鄉射鄉飲酒也若鄉之州黨鄉所不居則
鄉大夫不得爲主人亦不得稱鄉射鄉飲酒但謂之州射黨

正飲酒可也云如今郡國下令長於鄉射飲酒者謂郡治之下及王侯有國治之下滿萬戶以上之令不滿萬戶之長於巳縣或射或飲酒則從郡之大守及王國之相來自行禮相監臨之儀不用令長禮也令長射而飲酒似州長黨正也大守與相來監臨似鄉大夫監臨也故引以相證也

孔子曰吾觀於鄉而知王道之易易也 鄉鄉飲酒也易易謂教化之本尊賢尚齒而已○易易皆以豉反注及下易易同

〔疏〕孔子至易也○正義曰謂孔子先觀鄉飲酒之禮而稱知王道之易易故記者引之結成鄉飲酒之義○吾觀於鄉者鄉謂鄉飲酒言我觀看鄉飲酒之禮有尊賢尚齒之法則知王者教化之道其事甚易以尊賢尚齒爲教化之本故也不直云易而云易易者取其簡易之義故重言易易猶若尚書王道蕩蕩王道平平皆重言取其語順故也

主人親速賓及介而衆賓自從之至于門外主人拜賓及介而衆賓自入貴賤之義別矣 速謂即家召之別猶明也○別彼列反注及下注同

〔疏〕主人至別矣○正義曰此一經明鄉飲酒之禮主人待賓之異

明貴賤之別也○衆賓自從之者主人親自速賓并往速介而衆賓不須往速自從賓介而來也○而衆賓自入者謂賓介至門主人拜賓及介而衆賓不須拜自入門是賓介貴於衆賓貴賤之義別矣

三揖至于階三讓以賓升拜至獻酬辭讓之節繁及介省矣至于衆賓升受坐祭立飲不酢而降隆殺之義別矣繁猶盛也小減曰省辨猶別也尊者禮隆卑者禮殺尊卑別也○省所領反徐疏幸反注同酢音昨殺色戒反注及下同

【疏】三揖至辨也○正義曰此明主人於賓介禮隆殺分別也○拜至獻酬辭讓之節繁者主人於賓三揖三讓拜其來至又酌酒獻賓賓酢主人主人又酌而自飲以酬賓是辭讓之節其數繁多也○及介省矣者案鄉飲酒介酢主人則止主人不酢介也是及介省矣○至于衆賓升受坐祭立飲不酢而降者案鄉飲酒之禮主人獻衆賓于西階上受爵坐祭立飲不酢主人而降西階東面也○隆殺之義辨矣者於賓禮隆衆賓禮殺是隆殺之義別也

工入升歌三終主人獻之笙入三終主人

獻之間歌三終合樂三終工告樂備遂出一人揚觶乃立司正焉知其能和樂而不流也工謂樂正也樂正既告備而降言遂出者自此至去不復升也流猶失禮也立司正以正禮則禮不失可知一人或爲二人○笙音生間間廁之間合如字徐音閤復扶又反【疏】工入至流也○正義曰此一節論鄉飲酒設樂樂賓罷則以禮正之不至流邪之事也○工入升歌三終者謂升堂歌鹿鳴四牡皇皇者華每一篇而一終也○主人獻之笙入三終者謂吹笙之人入於堂下奏南陔白華華黍每一篇一終也○主人獻之者謂獻笙入也○間歌三終者間代也謂笙歌已竟而堂上與堂下更代而作也堂上人先歌魚麗則堂下笙由庚此爲一終又堂上歌南有嘉魚則堂下笙崇丘此爲二終也又堂上歌南山有臺則堂下笙由儀此爲三終也此皆鄉飲酒之文故鄭注鄉飲酒云間代也謂一歌則一吹也魚麗言大平年豐物多也此采其物多酒旨所以優賓也○南有嘉魚言大平君子有酒樂與賢者共之也此采其能以禮下賢者賢者藟蔓而歸之與之燕樂也南山有臺言大平之治以賢者爲本此采其愛友賢者爲邦家之基民之父

毋既欲其身之壽考又欲其名德之長也由庚崇丘由儀今
亡其義未聞也○合樂三終者謂堂上下歌瑟及笙並作也
若工歌關雎則笙吹鵲巢合之若工歌葛覃則笙吹采蘩合
之若工歌卷耳則笙吹采蘋合之所以知然者則鄉飲酒云
乃合樂周南關雎葛覃卷耳召南鵲巢采蘩采蘋鄭云
合樂謂歌樂與衆聲俱作周南召南國風篇也王后國君夫人
房中之樂歌也關雎言后妃之德葛覃言后妃之職卷耳言
后妃之志鵲巢言國君夫人之德采蘩言國君夫人不失職
采蘋言卿大夫之妻能脩其法度也○工告樂備遂出者工
謂樂正工先告樂正樂正告賓以樂備而遂下堂也言遂出
者樂正自此至去不復升堂也鄉飲酒云工告于樂正樂正
告于賓乃降注云樂正降者以正歌備無事也降立西階東
北面○一人揚觶乃立司正焉者一人謂主人之吏也一人舉
觶之後乃立司正樂既備將留賓旅酬爲有懈隋故主人使
相禮者一人爲司正以監之也舉觶示將行旅酬也鄉飲酒
云作相爲司正又云司正洗觶升自西階阼階上北面受命
于主人主人曰請安于賓司正告于賓賓禮辭許注云爲賓
欲去留之告賓於西階又云司正既舉觶而薦諸其位注云
司正主人之屬也無獻因其舉觶而薦之○知其能和樂而
不流也者結之也流失禮也工升歌後立司正以正之故知

鄉飲酒能和樂不流邪失禮也賓酬主人主人酬介介酬衆賓少長以齒終於沃洗者焉知其能弟長而無遺矣遺猶脫也志也○少詩召反沃於木反弟音悌下弟長同脫徒活反又音奪【疏】賓酬至遺矣○正義曰此經明旅酬之時賓主少長皆得酬酒長幼無被遺棄之事○少長以齒終於沃洗者言旅酬之時賓主人之黨各以少長爲齒以次相旅至於執掌罍洗之人以水沃盥洗爵者皆預酬酒之限此經主人酬介介酬衆賓雖據旅酬之時其少長以齒終於沃洗是無筭爵之節也但因其旅酬遂連言無筭爵欲見無不周徧弟長而無遺而知終沃洗是其無筭爵案鄉飲酒記主人之贊者西面北上不與無筭爵然後與是也○知其能弟長而無遺矣者弟少也言少之與長皆被恩澤而無遺棄也故云知其能弟長而無遺也降說屨升坐脩爵無數飲酒之節朝不廢朝莫不廢夕賓出主人拜送節文終遂焉知其能安燕而不亂也朝夕朝莫聽事也不

廢之者既朝乃飲先夕則罷其正也終遂猶充備也○【疏】
廢朝直遙反注朝夕既朝同莫音暮下同先悉薦反
降說至亂也○正義曰此一經明飲酒之禮雖爵行無數猶
能節文自終不至於亂也○降說屨升坐者此謂無筭爵之
初也以前皆立而行禮未徹俎故未說屨至此徹俎之後乃
說屨升堂坐也○脩爵無數者謂無筭爵也熊氏云謂行爵
無數矣○朝不廢朝者朝後乃行飲酒之禮是朝不廢朝也
○莫不廢夕者謂飲酒禮畢乃治私家之事是莫不廢夕也
謂鄉飲酒之禮若黨正飲酒一國若狂無不醉也○節文終
遂焉也者終謂終竟也遂謂申也言雖至飲畢主人備禮拜
而送賓節制文章終竟申遂不有闕少故鄭云終遂猶充
備也知其能安燕而不亂也謂安在於燕樂而不至亂也

貴賤明隆殺辨和樂而不流弟長而無遺安燕而不亂此五行者足以正身安國矣彼國安而天下安故曰吾觀於鄉而知王道之易易也【疏】貴賤至易也○正義曰此一節揔結上經明上五種之事又覆說前文孔子所以知王道之易易也

如此五行者足以正身安國矣者五行謂上第一云貴賤之義别第二云隆殺之義辨第三云和樂而不流第四云弟長而無遺第五云安燕而不亂是五種之行也○彼國安而天下安者以鄉飲酒於此將天下諸侯爲彼國故云彼國安而天下安也

鄉飲酒之義立賓以象天立主以象地設介僎以象日月立三賓以象三光古之制禮也經之以天地紀之以日月參之以三光政教之本也

日出於東僎所在也月生於西介所在也三光三大辰也天之政教出於大辰焉○行下孟反

〔疏〕鄉飲至本也○正義曰此記者更覆說鄉飲酒之義有所法象之事前文雖備故此更詳也○立賓以象天立主以象地者前文天地共言故云賓主象天地此則析言之賓以象天主以象地賓者主之所尊敬故以賓象天主供物以養賓故以主象地也○設介僎以象日月者則前經陰陽也但陰陽據其氣日月言其體僎在東北象日出也介在西南象月出也○注三光三大辰也○正義曰案昭十七年有星孛于大辰公羊云大辰者何大火也伐爲大辰

北辰亦爲大辰故爾雅云大辰房心尾也大火謂之大辰北極謂之北辰是三大辰也何休云大火與伐天所以示民時早晚天下取以爲正故謂之大辰辰時也是天之政教出於大辰亨狗於東方祖陽氣之發於東方也祖猶法也狗所以養賓陽氣主養萬物○亨普萌反洗之在阼其水在洗東祖天地之左海也海水之委也○阼才路反委於僞反尊有玄酒教民不忘本也大古無酒用水而已○大音泰

〔疏〕亨狗至本也○正義曰此一節覆明上立主象地以下諸文之意也○亨狗於東方祖陽氣之發於東方也者此覆說前文羞出自東方也○洗之在阼其水在洗東祖天地之左海也者此覆說前經洗當東榮因說水在洗東法天地左海也○尊有玄酒教民不忘本也者此覆說上文尊有玄酒貴其質也

賓必南鄉東方者春春之爲言蠢也産萬物者聖也南方者夏夏之爲言假也養之長之假之仁也西方者

秋秋之爲言愁也愁之以時察守義者也北方者冬冬之爲言中也中者藏也是以天子之立也左聖鄉仁右義偝藏也春猶蠢也蠢動生之貌也聖之言生也假大也愁讀爲揫揫斂也察猶察察嚴之貌也南鄉鄉仁貴長大萬物也察或爲殺○鄉許亮反下及注鄉仁南鄉東鄉皆同蠢尺允反蠢動生之貌夏戶嫁反下同假古雅反下同愁依注讀爲揫子留反下同爾雅云揫察也藏如字下同徐才浪反偝音佩殺如字又色戒反介必東鄉介賓主也獻酬之禮主人將西賓將南介覸其間也○覸音間廁之間主人必居東方東方者春春之爲言蠢也產萬物者也主人者造之產萬物者也言禮之所共由主人出也○共音恭月者三日則成魄三月則成時是以禮有三讓建國必立三卿三

賔者政教之本禮之大參也言禮者陰也大數取法於月也○成魄普伯反參七南反【疏】賔必至參也○正義曰此一節更揔明鄉飲酒禮坐位所在并明三揖三讓每事皆三之義○産萬物者聖也者聖之言生也東方産育萬物故為聖也○養之長之假之仁也者假大也謂養育萬物長之使大仁恩也五行春為仁夏為禮今春為聖夏為仁者春夏皆生養萬物俱有仁恩之義故此夏亦仁也聖既生物以生物言之則謂之聖故東方為聖也各以義言之理亦通也○中者藏也者言北方主智亦為信也若以五行言之則為信若以萬物歸藏言之則為藏也○介必東鄉介賔主也者主獻賔將西行就賔賔又南行將就主人介在西階之上以介閒隔賔主之間也○主人者造之産萬物也者釋所以主人居東方之意東方産育萬物主人共客所須故主人造為産萬物之象也○月者三日則成魄者謂月盡之後三日乃成魄魄謂明生傍有微光也此謂月明盡之後而生魄非必月三日也若以前月大則月二日生魄前月小則三日乃生魄○三賔者政教之本者凡建國既立三卿助君治國今鄉飲酒立三賔象國之立三卿故云政教之本也○注言禮者陰也大數取法於月也○正義曰樂既為陽故禮為陰月是陰精故禮之

數取法
於月也

附釋音禮記注疏卷第六十一

奉新盧氏宣旬校字

[illegible]

江西南昌府學栞

禮記注疏卷六十一挍勘記　阮元撰盧宣旬摘錄

附釋音禮記注疏卷第六十一　惠棟挍宋本禮記正義卷第六十八

冠義第四十三

凡人之所以爲人者節

言三始既備乃可求以三行也　毛本作備岳本嘉靖本衞氏集說同考文引古本同

此本備字闕閩監本同

同鄉老而致仕者　惠棟挍宋本岳本嘉靖本考文引古本同閩監毛本同誤謂衞氏集說同

阼謂主人之北也知者　閩本同惠棟挍宋本同監毛本知字脫

或有舊俗行先代之禮　閩監本同毛本先代二字倒

未冠之前以其名別之　閩監毛本同惠棟挍宋本以其作則以

但元端上士則元裳　閩本同惠棟挍宋本同監毛本元端誤衣冠

見於鄉大夫謂在朝之鄉大夫也　閩監毛本同劉台拱挍二鄉字並改卿衛氏集說作鄉大夫在朝之卿大夫

聘禮不腆先君之祧　閩監毛本同惠棟挍宋本禮下有云字衛氏集說同

以左傳魯襄公冠於衛成公之廟　惠棟挍宋本作襄此本襄字闕閩監毛本襄誤成

昏義第四十四　案昏字毛本及衛氏集說與此本同各本並作昬與石經同後放此釋文亦作昬各本義字同毛本義誤禮○按作昏是也說文云从日氐省

是娶告父母　閩監毛本同惠棟挍宋本娶下有妻字

舜三十不娶謂之鰥　閩監毛本同考文引宋板舜下有年字衛氏集說同

昏禮者節　惠棟云昏禮節父親醮子節宋本合爲一節

昏禮者　各本同石經同釋文出昏者云一本作昏禮者

昏禮至禮也　惠棟挍宋本無此五字

故昏禮云謂誰氏　閩監毛本同考文引宋板云謂作去爲案作爲是作去非衞氏集說亦作云爲

父親醮子節

合巹而酳　石經岳本嘉靖本同閩監毛本巹作卺衞氏集說同○按依說文當作𢍰从豆蒸省聲巹假借字卺巹皆𢍰字之譌

敬愼重正節

敬愼至本也　惠棟挍宋本無此五宋

夫禮始於冠節

和於射鄉閩本石經岳本嘉靖本同考文引宋板古本足利本同監毛本射鄉二字倒衞氏集說同石經考文提要云宋大字本宋本九經南宋巾箱本余仁仲本劉叔剛本並作射鄉

夫禮至體也惠棟挍宋本無此五字

夙興節

段脩石經作段岳本同釋文同此本段誤段嘉靖本閩監毛本段誤段衞氏集說同

夙興至代也惠棟挍宋本無此五字

成婦禮節

室人謂女姒女叔諸婦也閩監本同岳本同考文引古本足利本同毛本姒誤姑衞氏集說嘉靖本同

成婦至重之　惠棟挍宋本無此五字

女姼謂壻之姊也　閩監本同毛本姼誤姑衛氏集說同

是以古者節

教成之者女師也　嘉靖本閩監毛本同惠棟挍宋本無成字宋監本衛氏集說同岳本教成之作其教之

若天子公邑官家之官爾　閩監毛本同惠棟挍宋本爾作耳衛氏集說同

古者天子節

后聽内職　惠棟挍宋本作職石經宋監本岳本嘉靖本同此本職誤治閩監毛本同衛氏集說同石經考文提要云案禮記集說引呂大臨禮記解云凡天子所聽皆外治后所聽皆内職馬晞孟禮記解云治者職之揔職者治之別故曰天子聽外治后聽内職宋大字本宋本九經南宋巾箱本余仁仲本至善堂九經本並作職

所以承副施外内之政也　閩本同惠棟挍宋本宋監本嘉靖本岳本同衛氏集說同監毛本副誤嗣

取其相應有象大數也　閩監毛本作象大此本象大二字闕岳本大作天嘉靖本衛氏集說同

古者至盛德　惠棟挍宋本無此五字

此一經因上夫婦昏禮之事　閩監本同毛本因上二字倒

注路寢一小寢五　惠棟挍宋本注下有云字衛氏集說同此本云字脫閩監毛本同

為王所求為於北宮也　惠棟挍宋本同閩監毛本北誤此衛氏集說亦作北上為作謂

是故男教不脩節

為后服資衰　閩監毛本石經岳本嘉靖本衛氏集說同坊本資作齊依注改釋文出資衰云依注作齊○按

依説文當作齌从衣齊聲經傳多假齊爲之資亦假借字古音次聲齊聲同部也

是故至義也　惠棟挍宋本無此五字

卯往侵辛由反克金　考文引宋板同閩監毛本由作木

鄉飲酒義第四十五

二則卿大夫飲國中賢者　此本卿字不誤閩監毛本卿誤鄉衛氏集說同

又云君子謂卿大夫飲國中賢者　此本卿字不誤閩本同監毛本卿誤鄉

學生最賢使爲賓　閩本同考文引宋板同監本生字殘闕毛本生作士

此鄉大夫爲主人與之飲酒　衛氏集說同閩監毛本此誤比

鄉飲酒之義節

斯君子之所以免於人禍也　惠棟挍宋本有之字石經宋監本岳本嘉靖本同衛氏集說之

字空闕此本之字脫閩監毛本同通典七十三亦有之字

鄉人士君子節

君子謂卿大夫士也閩監本作卿嘉靖本卿誤鄉有士字此本同毛本同岳本亦作卿無士字衛氏集說同考文引宋板古本亦無士字段玉裁挍云案下文卿大夫士飲國中賢者即承此君子謂卿大夫士而釋之也宋監本無士字非

卿大夫士飲國中賢者閩監本同岳本同衛氏集說同考文引宋板同嘉靖本毛本卿誤鄉段玉裁云鄉飲酒禮疏引此卿大夫士飲國中賢者

不敢專大惠此本注止此句閩監毛本岳本嘉靖本衛氏集說同山井鼎云釋文鄉人士君子至諸侯則三鄉百八字宋板與注不敢專大惠連接爲注古本無但後人依宋板誤補入之案山井鼎所據宋板卽惠棟所挍宋本惠棟於此處無明言但於釋文周禮下添注一云字似亦從宋本挍者此宋本在末附釋音之前何由羼入

釋文疑百八字爲鄭氏注文所本有釋文云鄭云鄉人鄉大夫士州長黨正也君子謂卿大夫士也周禮天子六鄉鄭司農云百里內爲六鄉外爲六遂司徒職云五家爲比五比爲閭四閭爲族五族爲黨五黨爲州五州爲鄉鄉大夫每鄉卿一人州長每州中大夫一人黨正每黨下大夫一人族師每族上士一人閭胥每閭中士一人比長五家下士一人諸侯則三鄉自周禮天子六鄉至諸侯則三鄉百三字統承上鄭云之下未見謂卿大夫士也以上爲鄭云周禮天子以下必不爲鄭云也

鄉人至賓也　惠棟按宋本無此五字

以卿大夫等唯有東房　閩監毛本卿作鄉衛氏集說同

地道尊右　閩監毛本同衛氏集說同考文引宋板右作左

賓主象天地也節

賓主至務焉　惠棟按宋本無此五字

德也者得於身也閩監毛本同考文引宋板也下有者字

祭薦祭酒節

主人酬賓賓卒立以兵觶也惠棟挍宋本兵作立閩本兵字闕監毛本兵作據案皆誤盧文弨鍾山禮記云本當云左人酬賓賓立以卒觶也

不就席卒觶者言此席之上閩監本同毛本此作是

鄉飲酒之禮六十者坐節

鄉飲至立矣惠棟挍宋本無此五字

及王國之相來自行禮相監臨之儀閩監毛本王作主衞氏集說同齊召南云主國當作王國段玉裁挍云下相字衍文

工入升歌節

工入至流也 惠棟挍宋本無此五字

則鄉飲酒云乃合樂周南召南關雎 閩監毛本同惠棟挍宋本無召南二字衛氏集說同

合樂謂歌與衆聲俱作 閩監毛本同惠棟挍宋本歌下有樂字按有樂字與鄉飲酒禮注合

賓禮辭許注云 閩監毛本同惠棟挍宋本無許字○按宋本非也

降說屨節

降說至亂也 惠棟挍宋本無此五字

猶能節文自終不至於亂也 惠棟挍宋本同閩監毛本文自誤立目

知其能安燕而不亂也 閩監毛本同惠棟挍宋本也下有者

貴賤明節

貴賤至易也 惠棟校宋本無此五字

如此五行者 閩監毛本同考文引宋板無如字

賓必南鄉節

察猶察察嚴之貌也 閩監毛本嚴下有殺字岳本嘉靖本同此本殺字脫衛氏集說殺誤敎釋文出嚴殺

言禮之所共由主人出也 閩監毛本岳本嘉靖本衛氏集說同惠棟校宋本共作在案在字非也釋文出所共音恭正義亦云主人共客所須

大數取法於月也 惠棟校宋本如此宋監本岳本嘉靖本衛氏集說同閩監毛本法上衍象字此本空闕

賓必至參也　惠棟挍宋本無此五字

更揔明鄉飲酒禮坐位　惠棟挍宋本無禮字閩監毛本明作言酒下亦衍禮字衞氏集說亦作明

每事皆三之義　惠棟挍宋本作之義衞氏集說同閩監毛本之義二字誤以成禮三字此本空闕

聖之言生也　閩監本作生此本生誤主毛本誤升

東方產育萬物故爲聖也　惠棟挍宋本如此衞氏集說同閩監毛本爲聖上衍爲春二字也字脫

長之使大仁恩也　惠棟挍宋本如此衞氏集說同閩監毛本仁恩也誤亦爲仁此本空闕

於五行春爲仁　閩監毛本有於字惠棟挍宋本無此本空闕

春夏皆生養萬物俱有仁恩之義 考文引宋板如此閩監毛本生養萬物四字誤是生育長養五字此本空闕

以生物言之則謂之聖 考文引宋板如此閩監毛本言之則謂四字誤於春如通明五字此本空闕

藏也者此言北方主智 閩監毛本有此字惠棟挍宋本此字無此本空闕

主人獻賓將西行就賓 惠棟挍宋本如此衛氏集說同閩監毛本賓將西三字誤酬之禮旣四字此本空闕

賓又南行將就主人 閩監毛本如此衛氏集說同考文引宋板無賓字

以介覸隔賓主之間也 惠棟挍宋本如此衛氏集說同閩監毛本隔字誤在於二字此本空闕

釋所以主人居東方之意 惠棟挍宋本如此衞氏集說同監毛本意上衍義字此本空闕閩本同

主人共客所須 閩監毛本同考文引宋板共作供衞氏集說同

故主人造爲産萬物之象者也 閩監毛本如此衞氏集說象下無者字考文引宋板象者二字作事字此本空闕

魄謂明生 惠棟挍宋本如此衞氏集說同閩監毛本明字誤月輪二字此本空闕

若初以前月大 閩監毛本如此衞氏集說初上無若字考文引宋板若初二字作所字此本空闕

三賓者政教之本者 惠棟挍宋本如此閩監毛本政上衍爲字此本空闕

象國之立三卿 考文引宋板同閩監毛本象上衍亦字

大數取法於月也　閩監毛本法上衍象字

故禮之數取法於月也　考文引宋板同衞氏集説同閩監毛本數上衍大字

附釋音禮記注疏卷第六十一　惠棟挍宋本禮記正義卷第六十八終記云凡二十九頁

禮記注疏卷六十一挍勘記

# 附釋音禮記注疏卷第六十二

## 射義第四十六。

陸曰鄭云射義者以其記燕射大射之禮觀德行取於士之義也別錄屬吉禮○〔疏〕正義曰案鄭目錄云名曰射義者以其記燕射大射之禮觀德行取於士之義此於別錄屬吉事案此篇中有鄉射又云不失正鵠正則賓射然則鄉射賓射俱有之矣今目錄唯云燕射大射者但此篇廣說天子諸侯大射燕射之義不專於鄉射賓射故鄭目錄特舉大射燕射其射之所起起自黃帝故易繫辭黃帝以下九事章云古者弦木爲弧剡木爲矢弧矢之利以威天下又世本云揮作弓夷牟作矢注云揮夷牟黃帝臣是弓矢起於黃帝矣虞書云侯以明之是射侯見於堯舜夏殷無文周則具矣

禮記　鄭氏注　孔穎達疏

古者諸侯之射也必先行燕禮卿大夫士之射也必先行鄉飲酒之禮故燕禮者所以明

君臣之義也鄉飲酒之禮者所以明長幼之序也言別尊卑老穉然後射以觀德行也○長丁丈反別彼列反穉音值行下孟反下文注德行皆同○【疏】古者至序也○正義曰此一篇之義廣說射禮明天子以下射之樂章上下之差又明天子諸侯選士與祭之法因明孔子矍相之圃簡賢選士誓衆之事又明君臣父子正鵠之義是男子有事於射故男子初生設桑弧蓬矢之義又明志正射中之義飲酒養病之事今各隨文解之此經明將射之時天子諸侯先行燕禮所以明君臣之義鄉大夫將射先行鄉飲酒之禮所以明長幼之序也○古者諸侯之射也必先行燕禮者案儀禮大射在未旅之前燕初似饗禮而云先行燕禮者燕初似饗正謂其行禮似饗其餘則燕故禮其牲狗及設折俎行一獻此等皆燕之法也故云先行燕禮也○燕禮者所以明君臣之義也者謂臣於堂下再拜稽首升成拜君荅拜似若臣盡竭其力致敬於君君施惠以報之也○鄉飲酒之禮者所以明長幼之序者此鄉飲酒謂黨正飲酒以鄉統名則前篇云六十者坐五十者立侍是也○

故射者進退周還必中禮內志正外體直然

後持弓矢審固持弓矢審固然後可以言中此可以觀德行矣內正外直習於禮樂有德行者也正鵠之名出自此也○中丁仲反下同正音征鵠古毒反徐又如字【疏】故射至行矣○正義曰此一經明射者之禮言內志審正則射能中故見其外射則可以觀其內德故云可以觀德行矣○注正鵠之名出自此也○正義曰以賓射之的謂之正正者正也欲明射者內志須正也鄭注大射云正者正也亦鳥名齊魯之間名題肩爲正是也以大射之質謂之鵠鵠者直也欲使射者外體之直是正鵠之名出自射者而來故云正鵠之名出自此也其節天子以騶虞爲節諸侯以貍首爲節卿大夫以采蘋爲節士以采蘩爲節騶虞者樂官備也貍首者樂會時也采蘋者樂循法也采蘩者樂不失職也是故天子以備官爲節諸侯以時會天子

爲節卿大夫以循法爲節士以不失職爲節故明乎其節之志以不失其事則功成而德行立德行立則無暴亂之禍矣功成則國安故曰射者所以觀盛德也騶虞采蘋采蘩毛詩篇名貍首逸下云曾孫侯氏是也樂官備者謂騶虞曰壹發五豝喻得賢者多也于嗟乎騶虞歎仁人也樂會時者謂貍首曰小大莫處御于君所樂循法者謂采蘋曰于以采蘋南澗之濱循澗以采蘋喻循法度以成君事也樂不失職者謂采蘩曰被之僮僮夙夜在公。騶側尤反徐側侯反貍力之反貍之言不來也首先也此逸詩也鄭以下所引曾孫侯氏爲貍首之詩也蘋音頻蘩音煩循徐辭均反豝百麻反獸一歲曰豝詩傳云豕牝曰豝澗音諫山夾水曰澗濱音賓涯也被皮義反徐扶義反僮音童本亦作童毛詩傳云竦敬也【疏】其節至德也。正義曰此節明天子以下射禮樂章之異。天子以騶虞爲節者謂歌騶虞之詩射人云騶虞九節。諸侯以貍首爲節者謂歌貍首也射人云貍首七節。卿大夫以采蘋爲節士以采蘩爲節者射人云皆五節案鄉射注云五節歌五終四節四拾其一節先以聽也若然則九節者五節先以聽七節者三節先以聽皆以四節應乘矢拾發也○騶虞者樂官備也者謂射一發而得五豝喻得賢人多賢人多則官備也○貍首者樂會時也者諸侯不來朝射其首是樂會及盟也○采蘋者樂循法也于以采蘋南澗之濱循澗以采蘋喻循法度以成君事○采蘩者樂不失職也謂采蘩曰被之僮僮夙夜在公是其不失職也○是故天子以備官爲節謂騶虞也○諸侯以時會天子爲節謂歌貍首也○卿大夫以循法爲節謂歌采蘋也○士以不失職爲節謂歌采蘩也○明乎其節之志以不失其事者其節之志謂天子以備官爲志諸侯以時會爲志卿大夫以循法度爲志士以不失職爲志是各明達其樂節之志故能不失其所爲之事也○德行立則無暴亂之禍矣功成則國安者是覆說上文功成德行立先覆說德行然後却覆說功成也以先由德行乃功成也○故曰射者可以觀盛德也盛德無暴亂之禍國安射者各明其志能致盛德故云所以觀盛德也○注騶虞至仁人○正義曰案詩義云君射一發則驅五豝獸以軍戰之禮待禽獸之命不忍特驅其一此云喻得賢者多則以豝喻賢也謂一發而得五豝猶若君一求而得五賢與詩文異者斷章爲義云于嗟乎

騶虞歎仁人也與詩義同也以騶虞不食生物故云于嗟乎其仁人騶虞既爲天子樂章而儀禮鄉射用之者鄭注鄉射云此天子之射節也而用之者方有樂賢之志取其宜也曾孫之詩謂之貍首者貍首篇名曾孫者其章頭也儀禮大射奏貍首間若一鄭注云貍之言不來也其詩有射諸侯首不朝者之言因以名篇故謂之貍首也

是故古者天子以射選諸侯卿大夫士射者男子之事也因而飾之以禮樂也故事之盡禮樂而可數爲以立德行者莫若射故聖王務焉

選士者先考德行乃後決之於射男子生而有射事長學禮樂以飾之○數色角反下同長丁丈反

疏 是故至務焉○正義曰此一節明天子以射禮簡選諸侯以下德行能否故聖王所以務以射選諸侯卿大夫者諸侯雖繼世而立卿大夫有功乃升非專以射而選但既爲諸侯卿大夫又考其德行更以射辨其才藝高下非謂直以射選補始用之也○射者男子之事也因而飾之以禮樂也者男子生有縣弧之義故云射者男子之事因此射事更華飾以禮樂則容體比於

禮其節比於樂是也○故事之盡禮樂而可數爲以立德行者莫若射者謂諸事之中能窮盡禮而可數數爲之以興立人之德行諸事之中無如於射唯射能如此故聖王務重焉也○注男子至飾之○正義曰男子生而有射事者案内則篇云男子生設弧於門左是也云長學禮樂以飾之者案内則篇云十有三年學樂誦詩舞勺成童舞象二十舞大夏是長學禮樂以華飾射事也

是故古者天子之制諸侯歲獻貢士於天子天子試之於射宮其容體比於禮其節比於樂而中多者得與於祭其容體不比於禮其節不比於樂而中少者不得與於祭數與於祭而君有慶數不與於祭而君有讓數有慶而益地數有讓而削地故曰射者射爲諸侯也歲獻獻國事之書及計偕物也三歲而貢士舊説云大國三人次國二人小國一人

○比毗志反下同親合也中丁仲反下同得與音預下皆同削胥略反偕音皆俱也**是以諸侯君臣盡志於射以習禮樂夫君臣習禮樂而以流亡者未之有也**流猶放也書曰流共工于幽州○共音恭

【疏】是故至有也○正義曰此一節明射爲諸侯之事又明諸侯君臣盡志於射以習禮樂無流亡之患○諸侯歲獻者謂諸侯每歲獻國事之書及獻計偕之物於天子也○貢士於天子者諸侯三年一貢士於天子也○天子試之於射宮者言天子試此所貢之士於射宮之中○而中多者得與於祭者此謂大射也○注歲獻至一人○正義曰以經云歲獻貢士於天子恐歲獻之文只是貢獻於士故云歲獻獻國事之書云及計偕物也者漢時謂郡國送文書之使謂之爲計吏其貢獻之功與計吏俱來故謂之計偕物也偕俱也非但獻國事之書又俱獻貢物故云及計偕物知歲獻國事之書者小行人云令諸侯春入貢秋獻功注云貢六服所貢也功考績之功也秋獻之若今計文書斷於九月其舊法也云三歲而貢士者以經貢士之文繫歲獻之下恐每歲貢士故云三歲而貢士也又知三歲者案書傳云古者諸侯之於天子也三年一貢士一適

謂之好德再適謂之賢賢三適謂之有功有功者天子賜以衣服弓矢再賜以秬鬯三賜以虎賁百人號曰命諸侯不云益地者文不具矣書傳文云貢士一不適謂之過注云謂三年時也再不適謂之敖注云謂六年時也三不適謂之誣注云謂九年時也一絀以爵再絀以地三絀而地畢注云凡十五年鄭以此故知三歲而貢士也

故詩曰曾孫侯氏四正具舉大夫君子凡以庶士小大莫處御于君所以燕以射則燕則譽言君臣相與盡志於射以習禮樂則安則譽也是以天子制之而諸侯務焉此天子之所以養諸侯而兵不用諸侯自爲正之具也

此曾孫之詩諸侯之射節也四正正爵四行也四行者獻賓獻公獻卿獻大夫乃後樂作而射也莫處無安居其官次者也御猶侍也以燕以射先行燕禮乃射也則燕則譽言國安則有名譽譽或爲與○

【疏】故詩曰曾孫侯氏四正具舉大夫君子凡以庶士小

大莫處御于君所具也○正義曰上經說諸侯君臣之射此
明諸侯之射所歌樂章節者此貍首之詩也所以論燕射則
燕則譽故君臣相與盡志於射也此詩名貍首而發首云曾
孫侯氏者但此篇之中有貍首之字在於篇中撮取貍首之
字以爲篇首之目謂若騶虞之詩其字雖在篇內而名騶虞
矣曾孫侯氏者謂諸侯也此諸侯出於王是王之曾孫也故
云曾孫侯氏矣者左傳云曾孫蒯聵之類是也○四正具舉
者將射之時先行燕禮其燕之時四度正爵悉皆舉偏謂獻
賓獻君獻卿獻大夫四獻既畢乃後射故云具舉○大夫君
子凡以庶士者言爲燕之時大夫君子及庶衆士等○小大
莫處御于君所者言大夫士等小之與大無有處於職司而
不來者皆御侍于君之處所也○以燕以射者謂先行燕禮
而後射也○則燕則譽者燕安也既君臣歡樂用是燕安而
有聲譽也○諸侯自爲正之具也正謂脩正言射者是諸侯
自爲脩正之具言脩正得安由於射也故前文云內志正謂
此也○注此曾至名譽○正義曰以諸侯射以貍首之篇謂
今詩文無貍首之篇今射義有載曾孫之詩故知是貍首也
云正爵四行獻賓獻公獻卿獻大夫者大射禮文云乃後樂
作而射也者案大射禮獻大夫之後乃後工入樂作而後射
此謂大射也若燕射則說屨升堂坐之後乃射矣故燕禮說

屨升堂獻士畢若射則大射正爲司射如鄉射之禮是也孔子射於矍相之圃蓋觀者如堵牆矍相地名也樹菜蔬曰圃○矍俱縛反注同相息亮反矍相地名圃音補徐音布觀如字又古亂反堵丁古反蔬一本作疏所魚反射至於司馬使子路執弓矢出延射曰賁軍之將亡國之大夫與爲人後者不入其餘皆入蓋去者半入者半先行飲酒禮將射乃以司正爲司馬子路執弓矢出延射則爲司射也延進也出進觀者欲射者也賁讀爲僨僨猶覆敗也亡國亡君之國者也與猶奇也後人者一人而已既有爲者而往奇之是貪財也子路陳此三者而觀者畏其義則或去也延或爲誓○賁依注讀爲僨音奮覆敗也將子匠反與音預注同不入一本作不得入者非也賁讀音奔覆方卜反奇居宜反下同後如字又音候又使公罔之裘序點揚觶而語公罔之裘揚觶而語曰幼壯孝弟耆耋好禮不從流

俗脩身以俟死者不在此位也蓋去者半處
者半序點又揚觶而語曰好學不倦好禮不
變旄期稱道不亂者不在此位也蓋廑有存
者之發聲也射畢又使此二人舉觶者古者於旅也語語
謂說義理也三十曰壯耆耋皆老也流俗失俗也處猶
留也八十九十曰旄百年曰期頤稱猶言也。行也者不言有
此行不可以在此賓位也序點或爲徐點壯或爲將旄期或
爲旄勤今禮揚皆作騰○公罔人姓也又作罔之裘裘名也
之語助序點多簞反序姓點名也觶之豉反弟音悌耆音祁
巨支反六十曰耆耋大結反七十曰耋一云八十曰耋好呼
報反下同脩身以俟死絕句者不此二字一句下及注皆同
旄本又作耄莫報反八十九十曰耄期本又作旗音其如字
百年曰期頤頤養也稱如字不亂絕句本或作而不亂廑音
勤又音僅少也期頤以支反鄭注曲禮云期【疏】孔子至存
要也頤養也言有此行不絕句行音下孟反者○正義
曰從篇首以來釋天子以下射樂之節又說大射之禮并顯
諸侯貍首之義故此一節載孔子射於矍相之圃選賢誓衆

之禮也○射至於司馬者欲射之前先行鄉飲酒之禮獻賓及介獻衆賓之後未旅之前作相爲司正至於將射轉司正爲司馬故云射至於司馬也○使子路執弓矢出延射者謂立司馬之時孔子使子路爲司射之官出門而延進觀者及欲射之人曰賁軍之將者賁謂覆敗也敗軍之將言無勇也○亡國之大夫者謂亡君之國言不忠且無智也○與爲人後者與猶奇也謂有人無後後旣立後訖此人復往奇之是其貪財也○不入其餘皆入者言有此以前三惡則不得入若其餘無此三惡者皆得入也○又使公罔之裘序點揚觶而語者公罔爲氏也裘名也序氏也點名也揚擧也至將旅之時使一人俱擧觶誓衆而說所誓之事此擧其目故總擧二人於是公罔之裘先言序點後言矣○幼壯孝弟者謂二十之幼三十之壯能於幼壯以來能行孝弟也○耆耋好禮者謂六十之耆七十之耋老而不倦愛好於禮○不從流俗者身行獨行不從流移之俗也○修身以俟死者謂脩潔其身以俟於死者不在此位也者者○不問此衆人之中有此上諸行不若有則可在此賓位矣○好學不倦好禮不變者此之所誓彌精於前前則雖云孝弟好禮未能不倦不變○旄期稱道不亂者○旄謂八十九十曰旄期謂百年曰期頤年雖甚老行道不亂○亦喻前文耆耋好禮是後者彌精也但此記

所陳唯約鄉射禮也○子路出延射者是將射之前按鄉射
司射比衆耦於堂西此出延者但觀者既多庭中不容故出
延之人乃比耦以初門外未入觀者既多未有賓主之禮故
誓惡者令其不入以鄉飲酒禮差之射禮畢旅酬之時乃使
二人舉觶故鄉射禮畢司馬反爲司正樂正升堂復位賓取
俎西之觶酬主人主人酬大夫自相旅畢君使二人舉觶於
賓與大夫則當此公罔之裘序點二人舉觶之節也但衆賓
射事既了衆賓皆在賓位主人以禮接之不復斥言其惡於
此但簡其善公罔簡而尚疏序點簡而轉詳旄期之老不復
能射得云在位者此極老之人本來觀禮雖不能射與在賓
中故知旅酬之時其人猶在也○注先行至去也○正義曰
知先行飲酒禮者按儀禮鄉射先行飲酒之禮此射矍相之
圃謂賓射故鄭注鄉侯二正是用賓射之正又鄉大夫職云
以鄉射之禮五物詢衆庶鄭引此孔子射於矍相之事故知
與此鄉射同也云賁讀爲僨者若春秋鄭伯之車僨於濟說
文云僨僵也是僨爲覆敗也云與猶奇也者謂他人無後既
有人後之相爲合配今已更往後之是配合之外更有奇隻
故云後人者一人而已既有爲者而往奇之○注之發至位
也○正義曰按經下云公罔裘上云之裘故知之是發聲也
即裘爲名矣云射畢又使此二人舉觶者古者於旅也語者

鄭釋其公罔之裘序點揚觶而語之事古者於旅也語者鄉射記文鄭注云禮成樂備乃可以言語先王禮樂之道也云耆耋皆老也者按曲禮云六十曰耆服虔注僖九年傳云七十曰耋大畧言之七十八十謂年餘七十也又毛詩傳云八十曰耋大畧言之七十八十皆謂之耋也云者不言有行不可以在此賓位者謂射畢旅酬之時衆賓之位矣

射之爲言者繹也或曰舍也繹者各繹己之志也故心平體正持弓矢審固持弓矢審固則射中矣故曰爲人父者以爲父鵠爲人子者以爲子鵠爲人君者以爲君鵠爲人臣者以爲臣鵠故射者各射己之鵠故天子之大射謂之射侯射侯者射爲諸侯也射中則得爲諸侯射不中則不得爲諸侯大射將祭擇士之射也以爲某鵠者將射

還視侯中之時意曰此鵠乃爲某之鵠吾中之則成人不中之則不成人也得爲諸侯謂有慶也不得爲諸侯謂有讓也○繹音亦徐音釋舍如字舊音捨中丁仲反下及注皆同 【疏】 同鵠古毒反徐如字注同射食亦反下射天地四方同射之至諸侯○正義曰此一經釋稱射之名及鵠之與侯之文○射之爲言繹也者此記者訓釋射之名射者是繹也繹陳也言陳已之志○或曰舍也者是記者又解射名故云射者舍也舍中也謂心平體正持弓矢審固則能中也繹者各繹已之志也者言君臣父子各舒陳已之志意則下云爲人父者以爲父鵠是也○持弓矢審固則射中矣者此覆說釋上或曰舍也舍中也○爲人父者以爲父鵠者凡射者大射則皮侯賓射則正侯燕射則獸侯唯大射有鵠此據大射而知然鵠則上下俱同無復君臣父子之別而言以爲父鵠者謂升射之時既身爲人父則念之云所射之鵠是爲人父之鵠中則任爲人父不中則不任爲人父故爲人之父者以爲父鵠以下放此○故射者各射已之鵠者謂衆射之人雖共射一鵠谷射已之所主之鵠也○故天子之大射謂之射侯者言天子所射之物謂之射侯言射之中能服諸侯也舉大射言之其實賓射燕射皆謂之射侯也○射中則得爲諸侯者謂數有慶賜堪得久爲諸侯也○射不中則不得爲諸侯

者數被責讓不堪以爲諸侯也非爲射中封爲諸侯不中不
得爲諸侯也○注大射至讓也○正義曰大射將祭擇士之
射者即下文云天子將祭必先習射於澤所以擇士是也云
將射還視侯中之時意曰此鵠乃爲某之鵠者案大射禮云
耦升自西階並而東皆當其物北面揖及物揖皆左足履物
還視侯中謂於此之時南面迴還視侯中也中謂身謂視侯
中身也射者意云此鵠乃爲某之鵠謂父之鵠子之鵠不定
一故稱某也云吾中之則成人不中之則不成人也者中之
則能成其父子君臣若不中則不能成其父子君臣故知父
鵠子鵠也云得爲諸侯謂有慶也不得爲諸侯謂有讓也者
鄭恐得爲諸侯始封以土不得爲諸侯則奪其國故明之也
凡天子諸侯及卿大夫禮射有三一爲大射是將祭擇士之
射二爲賓射諸侯來朝天子入而與之射也或諸侯相朝而
與之射也三爲燕射謂息燕而與之射其天子諸侯大夫三
射皆具其士無大射故司裘職云大射唯明王及諸侯卿大
夫不及於士故鄭注云士不大射士無臣祭無所擇是也其
賓射燕射士皆有之故射人云士射豻侯二正是士有賓射
也又鄉射記云士布侯畫以鹿豕是士有燕射矣其侯天子
大射則射皮侯故考工記云張皮侯而棲鵠則春以功又司
裘職云王大射則共虎侯熊侯豹侯設其鵠鄭注考工記皮

侯謂此侯也畿內諸侯大射則張熊侯豹侯故司裘職云諸侯則共熊侯豹侯設其鵠是也唯畿外諸侯大射亦張三侯鄭注云遠尊得伸故亦張三侯一曰大侯鄭注云則天子熊侯謂以熊皮飾之二曰糝侯鄭注云糝雜也豹鵠而麋飾三曰犴侯鄭注云犴胡犬皮飾侯若畿內卿大夫射麋侯故司裘云卿大夫則共麋侯皃也其畿內卿大夫射侯無文於諸侯既得三侯其卿大夫葢降君一等則一糝侯犴侯其大射之侯皆有鵠也其鵠則三分侯中而居其一故考工記云梓人爲侯廣與崇方參分其廣而鵠居一焉凡皮侯者各以其飾侯之側又方制其皮以爲鵠故鄭注司裘云以虎熊豹麋之皮飾其側又方制之以爲𩫏謂之鵠謂之鵠者取名於鳱鵠鴻鵠小鳥而難中是以中之爲雋亦取鵠之言較較者直也射所以直已志則是但取其名非是實鳥也此侯道鄭注司裘云虎九十弓熊七十弓豹麋五十弓列國之諸侯大射大侯亦九十參七十干五十遠尊得伸可同耳其天子以下賓射則射人云王射三侯五正諸侯射二侯三正卿大夫射一侯三正士射犴侯二正鄭云謂五正三正二正之侯五正者中朱次白次蒼次黃玄居外三正損玄黃二正畫以朱緑鄭又云二侯者三正二正之侯也一侯者一正而已此皆與賓射於朝之禮也考工記梓人職云張五采之侯則遠國屬凡

賓射之侯謂之正鄭注大射云正者正也亦鳥名齊魯之間名題肩爲正然則天子賓射用五正三正二正之侯畿內諸侯賓射用三正之侯卿大夫用二正之侯士亦用二正之侯文飾以豻畿外諸侯以下賓射其侯無文約大射諸侯旣同天子張三侯則賓射亦同天子用五正三正二正之侯其卿大夫射亦三正二正之侯士射二正之侯若五正者同虎侯九十弓三正者同熊侯七十弓二正者同豹侯五十弓凡中央之赤皆方二尺以外之色皆分布之其外又畫以雲氣天子以下燕射則尊卑皆用一侯故鄉射記云天子熊侯白質諸侯麋侯赤質大夫布侯畫以虎豹士布侯畫以鹿豕鄭注云白質赤質皆謂采其地其地不采者白布也熊麋虎豹鹿豕皆正而畫其頭象於正鵠之處耳君畫一臣畫二陽奇陰偶之數也燕射射熊虎豹不忘上下相犯射麋鹿豕志在君臣相養也梓人云張獸侯則王以息燕謂此也鄉射記旣不列畿內畿外之異則諸侯以下外內同也鄉射記列天子以下各一侯下文云侯道五十弓弓二寸以爲侯中則天子以下皆五十弓侯中同方一丈也降尊以就卑言燕主歡心故也而皇氏沈氏乃云天子熊侯或云九十弓或云七十弓乃同三侯上下之差文無準據其義非也其侯用布之數案鄉射記鄉侯五十弓則侯道五十步也以弓之下制長六尺以

射用弓故稱弓一弓取二寸以爲中則侯中方一丈也鄉射記又云倍中以爲躬注云躬身也謂中之上下幅也用布各二丈鄉射記又云倍躬以爲左右舌謂躬之上下横一幅布張於躬外左右而出謂之舌考工記謂舌爲个躬既二丈上舌倍躬則用布四丈也鄉射記又云下舌半上舌注云半者半其出於躬者也上舌出躬各一丈則下舌出躬各五尺然則下舌用布三丈揔而計之侯中方一丈凡五幅用布五丈上下二躬用布四丈上舌復用布四丈下舌用布三丈故鄭注鄉射記云鄉射侯用布十六丈也以此計之侯道七十弓則侯中方丈四凡七幅幅別丈四是用布九丈八尺上下二躬各倍中用布五丈六尺上舌倍躬亦用布五丈六尺上舌出躬各丈四尺下舌半上舌則左右各減七尺則下舌用布四丈二尺故鄭注鄉射記云七十步之侯用布二十五丈二尺其九十弓之侯則侯中方丈八尺凡九幅幅別一丈八尺侯中用布十六丈二尺上下二躬各倍中用布七丈二尺上舌倍躬長七丈二尺其舌出躬各丈八尺下舌半上舌出躬者則左右各減九尺下舌長五丈四尺故鄭注鄉射記云九十步之侯用布三十六丈其張三侯之體同道位之近者最下遠者漸高故大射云大侯之崇見鵠於參參見鵠於干干不及地武以此計之豻侯下畔去地尺二寸豻侯之體上

下躬及舌揔有四幅凡廣八尺侯中方一丈是豻侯揔高一
丈九尺二寸此豻侯上畔去地一丈九尺二寸以此豻侯上
畔則是糝侯之鵠去地之數也其糝侯下舌及躬凡有四尺
糝侯之中鵠下有三分之一糝侯中方丈四其三分之一得
四尺六寸三分寸之二是糝侯自鵠以下凡有八尺六寸三
分寸之二皆爲豻侯所掩豻侯上畔去地一丈九尺二寸去
其八尺六寸三分寸之二是糝侯下畔去地一丈五寸三分
寸之一故鄭注大射云糝侯去地一丈五寸少半也云少
半寸則三分寸之一也豻侯既去地一丈九尺二寸更加糝
侯之中三分之二九尺三寸三分寸之一又加糝侯上躬與
个四尺則糝侯上畔去地三丈二尺五寸三分寸之一則是
大侯鵠下之數也其大侯下舌及躬并侯中三分之一揔一
丈爲糝侯所掩於三丈二尺五寸三分寸之一減其一丈則
是大侯下畔去地之數故鄭注大射云大侯去地二丈二尺
五寸少半寸也其耦射人云王以六耦諸侯以四耦卿大夫
士以三耦又射人云諸侯以下謂畿内也若畿外諸侯以下
則皆三耦故大射及鄉射并左傳襄二十九年晉士鞅來聘
射皆三耦是也其射宫所在天子大射必先習於澤宫而後
射於射宫則此射義文也其射宫天子則在廟也故司服云
享先公饗射則鷩冕司几筵云大朝覲大饗射依前南鄉是

也其服鷩冕天子賓射則在朝故射人云諸侯在朝則皆北面是也其服皮弁服矣天子燕射則在寢以諸侯燕於小寢天子路寢之朝謂之燕朝者故知天子諸侯燕射在寢故鄉射記云君國中射則皮樹中鄭注云謂燕射也其服則玄冕緇衣素裳也諸侯以爲朝服燕禮云燕朝服於寢是其諸侯大射不顯畿內畿外之異案儀禮大射云公入鷩射畢而云入謂從郊入國也謂射在郊學也故鄉射記云於郊則閭中鄭注云大射於大學儀禮所陳多據畿外諸侯即畿内諸侯或亦然也其服無文故用皮弁以射在學宮學記云皮弁祭菜故也其諸侯賓射若在國則亦在朝與天子同若在國外相會則在竟故鄉射記云於竟則虎中鄭注云謂與鄰國君射也其服亦皮弁服也以聘禮君受聘皮弁故也其鄉大夫以下射之所在及所服之衣無明文也此三射之外又有鄉射謂鄉大夫貢賢能之後行鄉射之禮而詢衆庶故鄉大夫職云獻賢能之書于王退而以鄉射之禮五物詢衆庶是也又有州長射於州序之禮其侯並同賓射之法故鄭注云鄉侯二正又有主皮之射凡主皮之射有二一是卿大夫從君田獵班餘獲而射書傳云凡祭取餘獲陳於澤然後卿大夫相與射也鄭注鄉射云主皮者無侯張獸皮而射之主於獲也二是庶人亦主皮之射故鄭注周禮云庶人無侯張皮而

射之是也又有習武之射故司弓矢云弧弓以授射甲革椹質者是也○天子將祭必先習射於澤澤者所以擇士也已射於澤而后射於射宮射中者得與於祭不中者不得與於祭不得與於祭者有讓削以地得與於祭者有慶益以地進爵絀地是也澤宮名也士謂諸侯朝者諸臣及所貢士也皆先令習射於澤已乃射於射宮課中否也諸侯有慶者先進爵有讓者先削地○與音預下皆同絀勑律反朝直遥反令力呈反已音以課口臥反【疏】天子將祭必先習射至是也○正義曰前經已言數與於祭而君有慶數不與於祭而君有讓此經又重言者前經明諸侯貢士之制故賞罰所貢之君此經論人君將祭擇士賞罰其士之身故於此又重言也又前經貢士云容體合禮其節比樂此經直云射中與不中不云容體及射節者文不具也○天子將祭必先習射於澤澤者所以擇士也者澤是宫名於此宫中射而擇士故謂此宫爲澤澤所在無文蓋於寛閑之處近水澤

而爲之也非唯祭而擇士餘射亦在其中故書傳論主皮射云嚮之取也於圃中勇力之取也今之取也於澤宮揖讓之取也是主皮之射亦近於澤也選士於澤不射侯也但試武而已故司弓矢云澤共射椹質之弓矢鄭司農引此射義之文以釋之○是知於澤中射椹質而已又鄭注司弓矢云樹椹以爲射正射甲與椹試弓習武也其主皮之射則張皮亦揖讓也有讓削以地有慶益以地者謂諸侯也○注澤宮至削地○正義曰士謂諸侯朝者諸臣及所貢士也者以其助祭故知是此等之人前經論貢士與祭故知此經之士含貢士也云諸侯有慶者先進爵有讓者先削地者此解經進爵絀地之文以經之上文有讓削以地有慶益以地更揔云進爵絀地據有慶者先進爵有讓者先絀地進則爵輕於地故先進爵而後益以地也退則地輕於爵故先削地而後絀爵也○故男子生桑弧蓬矢六以射天地四方天地四方者男子之所有事也故必先有志於其所有事然後敢用穀也飯食之謂也男子生則設弧於門左三日負之人爲之射乃卜食子也○桑弧音胡以桑木

爲弓蓬步工反飯扶晚反
食音嗣注同爲于僞反【疏】故男至謂也。正義曰此一經明男子重射之義以男子生三日射人以桑弧蓬矢者則有爲射之志故長大重之桑弧蓬矢者取其質也所以用六者射天地四方也所以禮射唯四矢者示事有不用也四矢者象禦四方之亂。故必先有志於其所有事者言子始生三日用桑弧蓬矢六者欲使此子先有志意於其所有事之處謂於天地四方也。然後敢用穀也者三日射罷之後然後敢用穀以食其子也。飯食之謂也者至射畢用穀猶若事畢設飯食。故云飯食之謂也

射者仁之道也射求正諸己己正而後發發而不中則不怨勝己者反求諸己而已矣諸猶於也孔子曰君子無所爭必也射乎揖讓而升下而飲其爭也君子必也射乎言君子至於射則有爭也下降也飲射爵者亦揖讓而升降勝者袒決遂執張弓不勝者襲說決拾卻左手右加弛弓於其上而升飲君子恥之是以射則爭中。爭爭鬬之爭下及注有爭皆同揖讓而升下絕句而飲一句袒音但決古

穴反說吐活反拾音十卻巨逆反又羌略反〔疏〕射者至君
弛式氏反又始氏反中丁仲反下文注同子。正義
曰此一經明射是仁恩之道唯內求諸已不病害於物既求
諸已恥其不勝乃有爭心矣。揖讓而升下而飲者下猶降
也言將飲射爵之時揖讓而升堂又揖讓而降下而飲此罰
爵既以禮升降其事可慙故也。其爭也君子者言雖君子
因射亦有爭也。注必也至爭中。正義曰此飲射爵者亦
揖讓而升降者此解經揖讓而升下經稱揖讓謂飲射爵時
揖讓非射時揖讓也故云飲射爵者亦揖讓而升降亦者亦
如射時揖讓飲今亦揖讓故儀禮大射云耦進上射在左並
行當階北面揖及階揖升堂揖皆當其物北面揖及物揖射
畢北面揖揖而升射是射時升降揖讓也大射又云飲射爵
之時勝者皆袒決遂執張弓不勝者皆襲說決拾卻左手右
加弛弓于其上遂以執弣揖如始升射及階勝者先升升堂
少右不勝者進北面坐取豐上之觶立卒觶坐奠於
豐下興揖不勝者先降是飲射爵之時揖讓升降也孔子
曰射者何以射何以聽循聲而發發而不失
正鵠者其唯賢者乎若夫不肖之人則彼將

**安能以中**何以言其難也聲謂樂節也畫曰正棲皮曰鵠正之言正也鵠之言梏也梏直也言人正直乃能中也發或爲射。正音征注同夫音扶肖音笑棲音西梏音角下同**詩云發彼有的以祈爾爵祈求也求中以辭爵也酒者所以養老也所以養病也求中以辭爵者辭養也**發猶射也的謂所射之識也言射的必欲中之者以求不飲女爵也辭養讓見養也爾或爲有。的丁歷反養如字徐羊尚反識音式一音志女音汝

〔疏〕孔子至養也。正義曰前經論射求諸已乃有爭心故此明射中之難以中爲貴。射者何以射者言爲射之人何以能使射中與樂節相應也。何以聽者言何以能聽此樂節使以射中相合言射中樂節兩相應會至極難矣。循聲而發發而不失正鵠者其唯賢者乎者此論射中與樂節相會爲難之事循聲若謂射者依循樂聲而發矢矢不失正鵠言其中矣如此者其由賢者乃能然是難也若夫不肖之人則彼將安能以中者不肖謂小人也言小人則不能循聲而發又不能持弓矢審固彼既如此則何能以中也詩云發彼有的以祈爾爵者此小雅

賔之初筵之篇刺幽王之詩陳古之明王大射之禮發矢之時射彼所祈之的祈求也以求祈中辭爾所罰之酒爵也。求中以辭爵者辭養也者酒旣養老又以養病今射者非病非老故求射中以辭讓此爵者辭讓見養老也不敢當其養禮也。注何以至中也。正義曰何以言其難者言此事難作何法以爲之者言不可爲也故云言其難也云聲謂樂節也者騶虞九節之屬也云畫曰正則賔射也棲皮曰鵠則大射也。注發猶至養也。正義曰云發猶射者解上發彼有的也云的謂所射之識也識猶記識之處即正鵠之中也云辭養讓見養也若已有老病而可受養今已爲射不中而受爵是無功受養不敢當之故讓矣

## 燕義第四十七

陸曰鄭云名燕義者以記君臣燕飲之禮上下相報之義也

[疏]正義曰案鄭目録云名曰燕義者以其記君臣燕飲之禮上下相尊之義此於別録屬吉事案儀禮目録云諸侯無事若卿大夫有勤勞之功與羣臣燕飲以樂之勤勞謂征伐聘問詩曰吉甫燕喜是也臣有王事之勞亦燕之故燕禮記云若有王事是也

古者周天子之官有庶子官庶子官職諸侯卿大夫士之庶子之卒掌其戒令與其教治別其等正其位職主也庶子猶諸子也周禮諸子之官司馬之屬也卒讀皆爲倅諸子副代父者也戒令致於大子之事教治脩德學道位朝位也○卒依注音倅七對反又蒼忽反副也治直吏反注及下同別彼列反大子音泰後大子學同朝音直遙反國有大事則率國子而致於大子唯所用之若有甲兵之事則授之以車甲合其卒伍置其有司以軍法治之司馬弗正國子諸子也軍法百人爲卒五人爲伍弗不也國子屬大子司馬雖有軍事不賦也○合如字徐音閤卒伍子忽反注同伍音五正音征凡國之政事國子存游卒使之脩德學道春合諸學秋合諸射以考其藝而進

退之游卒未仕者也學大學也射射宫也燕禮有庶子官是以義載此以爲説○卒七內反注同○

【疏】古者至退之○正義曰此一節明諸侯與庶子燕飲之禮從篇首至末皆明燕飲之義但燕飲之禮有庶子官故方説燕禮之初先陳庶子之事各隨文解之周天子之官有庶子官者○此明庶子之義也謂作記之人在於周末追述周初之事故云古者言周之天子其下立官有庶子之官天子謂之諸子諸侯謂之庶子其所職掌諸子庶子同也故此記雖明諸侯庶子職掌其所載之事皆諸子職文也○庶子官職諸侯卿大夫士之庶子之卒者言此官職主諸侯及卿大夫士衆庶子子之副倅於父之事所以官名庶子○掌其戒令者此等衆子須有戒法政令而庶子官掌之○與其教治者與猶及也教謂教學治謂治身言非但掌戒令而已及其教治亦皆掌之○別其等者謂分別其貴賤之等○正其位者正其朝廷所立之位也此記云諸侯卿大夫士之庶子之卒周禮諸子職則云掌國子之倅唯此爲別但諸子職揔謂之國子此云諸侯卿大夫士之庶子者是其適子也謂之庶者庶衆也以其適子衆多故揔謂之庶子非適子庶弟而稱庶子也必知適子者以其云倅是副貳於父之言故鄭注諸子職云國子者是公卿大夫士之副貳又引王制云王大子王子羣

后之大子卿大夫元士之適子是也○注職主至位也○正義曰云周禮諸子之官司馬之屬也者案周禮諸子下大夫屬司馬云卒讀皆爲倅者以經云庶子之卒下文云國子存游卒以卒字非一故云卒皆爲倅若旁置人者是副倅之倅若不置人者則百人爲卒之卒故讀卒從倅也云諸子副代父者也此諸適子皆副代於父與父爲倅故稱倅也云戒令致於大子之事者則下文云國有大事則率國子而致於大子其事非一故云戒令致於大子之事云位朝位也者此等諸子雖未爲官皆繼父尊卑以爲等級故有別其等正其位也唯所用之者若國有大事之時而進致諸子於大子唯任大子隨時所用也○合其卒伍置其有司者言若國有甲兵之事則庶子之官傳授以車甲合會之以卒伍置立之以有司謂立其主將使統領之用軍旅之法治理之○司馬弗正者弗不也正役也以此等諸子既統屬大子隨大子徵發王家之事司馬不得征役之也○凡國之政事國子存游卒者前經云國有大事謂祭祀或宿衞又云甲兵之事此經別云國之政事則非大事與甲兵也是國之尋常小小之政事謂力役土功胥徒之屬不與干國子唯民庶所爲國子存游卒未仕者之中不干其事也○使之脩德學道者既不與國子之尋常政事但使之脩行其德學習道藝也○春合諸學者謂

仲春之時合此諸子在於大學○秋合諸射者謂仲秋之時合其諸子在於射宮使之脩德學道或容習射也○以考其藝而進退之者是庶子之官考校其藝之高下而進退其能否能者進之否者退之○注游卒至爲說○正義曰游卒未仕者也案師氏職云凡國之貴游子弟學焉鄭注云貴游子弟王公之子弟游無官司者則此游卒是游逸以爲副倅故云未仕者云學大學也者以大胥云春釋菜合舞文王世子云春夏學干戈秋冬學羽籥皆於東序初教在東序至合時則在周之大學故云學大學也云射射宮也擇士習射之官也又周禮大胥云秋頒學合聲其合聲之時則亦在大學文王世子云凡大合樂必遂養老鄭云春合舞秋合聲是養老在東序也故知大合樂在東序云燕禮有庶子官是以義載此以爲說者案燕禮云主人升自西階獻庶子于阼階上又云庶子執燭是燕禮有庶子官也以庶子於燕有事是以燕義於此說庶子職掌故云載此以爲說也

諸侯燕禮之義君立阼階之東南南鄉爾卿大夫皆少進定位也君席阼階之上居主位也君獨升立席上西面特立

莫敢適之義也定位者爲其始入蹴蜡揖而安定也○鄉許亮反適音敵大歷反本亦作敵爲于僞反下文爲疑同蹴本亦作蹴子六反踖子昔反又積亦反〔疏〕諸侯至義也○正義曰此經說燕禮之初君獨升立於阼階之上明君尊莫敢敵之義也皆引燕禮正經記者以義說之○鄉大夫皆少進定位也者案燕禮卿大夫皆入門右北面君南鄉爾卿卿西面北上爾大夫大夫皆少進皆北面所以然者定羣臣之位也定位之語是記者之辭也○君席阼階之上居主位也者居主位之語亦記者辭也君獨升立席上西面特立莫敢適之義也者莫敢適言臣下莫敢與君匹敵而爲禮亦是記者之言也

設賓主飲酒之禮也使宰夫爲獻主臣莫敢與君亢禮也不以公卿爲賓而以大夫爲賓爲疑也明嫌之義也賓入中庭君降一等而揖之禮之也設賓主者飲酒致歡也宰夫主膳食之官也天子使膳宰爲主人公孤也疑自下上至之辭也公卿尊矣復以爲賓則尊與君大相近○亢苦浪反使宰夫本

亦作使膳夫上時掌反復扶又反〔疏〕設賓至之也。正義大音泰舊他佐反近附近之近。曰此經明燕禮臣莫敢亢君君又屈而禮之也。而以大夫為賓為疑也者公卿朝臣之尊賓又敵主之義若以公卿為賓疑其敵君之義為其嫌疑故所以使大夫為賓明其遠嫌之義也。君降一等而揖之禮之也賓既至庭君降階一等而揖之是以禮待於賓也故云禮之也禮之禮之亦記者辭也。注設賓至相近。正義曰云天子使膳宰為主人者文王世子文云公孤也者此諸侯燕臣子之禮而稱公故知是上公得置孤孤止一人而燕禮云諸公者。鄭注彼云諸公者容牧有三監也云疑自下上至之辭也疑擬也是在下比擬於上故云自下上至之辭也云尊與君大相近言公卿在朝位與君相近今若使為賓被君所敬則其尊與君大相逼近故經云以大夫為賓為其疑故也

君舉旅於賓及君所賜爵皆降再拜稽首升成拜明臣禮也君荅拜之禮無不荅明君上之禮也臣下竭力盡能以立功於國君必報之以爵祿故臣下

皆務竭力盡能以立功是以國安而君寧禮無不荅言上之不虛取於下也上必明正道以道民民道之而有功然後取其什一故上用足而下不匱也是以上下和親而不相怨也和寧禮之用也此君臣上下之大義也故曰燕禮者所以明君臣之義也言聖人制禮因事以託政臣再拜稽首是其竭力也君荅拜之是其報以祿惠也。稽徐本作䭫音啓以道音導下同什音十匱求位反

〔疏〕君舉至義也。正義曰此一經明燕禮臣盡禮於下君荅之於上上下交歡而不相怨明君臣之義也。君舉旅於賓者謂舉旅酬之酒以酬賓。及君所賜爵者特賜臣下之爵。皆降再拜稽首升成拜者謂賓受君之酬及臣受君賜爵皆降自西階再拜稽首以受君恩又升堂更再拜稽首以成拜也故燕禮云公酬賓賓降西階下再拜稽首公命小臣辭賓升成拜鄭

云升成拜復再拜稽首也至禮殺之後賓下堂是欲拜君則辭之賓未拜也賓乃升堂再拜稽首鄭注云不言成拜者以其下堂未拜故也燕禮云公卒觶賓下拜小臣辭賓升再拜稽首鄭注云不言成拜者爲拜故下賓未拜也下不敢輒拜禮殺也○臣下竭力盡能以立功於國者案燕禮君賜爵之時再拜稽首示竭力盡能立功於國也○君必報之以爵祿者以燕禮臣拜君皆荅之者示君報之以爵祿也○禮無不荅言上之不虛取於下也者以燕禮凡臣之拜君無不荅拜之示爲上之道不虛取於下也上必須報之也○君上必明正道以道民民道之而有功者上下必須相報故在上明正教以教道於民民亦依君訓道有功報上也○然後取其什一者○前明君臣相報此明君民上下相報君旣薄斂於上民亦什一而稅於下故國家用足而下不匱乏是上下和平親睦而不相怨恨也○和寧禮之用也者上下和親是和也而不相怨是安寧也和之與寧禮之所用以結成上文也○

席小卿次上卿大夫次小卿士庶子以次就位於下獻君君舉旅行酬而后獻卿卿舉旅行酬而后獻大夫大夫

舉旅行酬而后獻庶子俎豆牲體薦羞皆有等差所以明貴賤也

牲體俎實也薦謂脯醢也羞庶羞也○差初佳反又初宜反醢音海〔疏〕席小至賤也○正義曰此明尊卑上下席位之所受獻旅酬之差貴賤先後之義○席小卿次上卿者案燕禮上卿在賓席之東小卿在賓席之西隔越於賓席而云次上卿者以俱南面東上遥相次耳○大夫次小卿者案燕禮大夫在小卿之西故燕禮云辯獻大夫遂薦之繼賓以西東上○士庶子以次就位於下者燕禮於西階上獻士既受獻者立於阼階下西面北上獻庶子於阼階上既獻立於阼階下故云士庶子以次就位於下也○獻君君舉旅行酬者案燕禮宰夫爲主人酌以獻賓賓飲畢酌以酢主人主人飲畢酌以獻君君飲畢酌以酢主人更爵以受酢于阼階下飲卒爵主人又洗觚酬主人先飲卒爵酌以酬賓賓受觚坐奠于薦東訖小臣請媵爵者二人媵爵阼階下皆北面媵爵于公媵爵者先自飲畢媵爵者洗象觶酌奠于公席之前公坐取所媵之觶以酬賓賓於時下再拜稽首公命小臣辭賓升成拜公立卒觶賓乃受公虛爵酌之酬大夫于西階上衆

大夫相酬畢奠虛觶于篚此是獻君君舉旅行酬也○而后獻卿卿舉旅行酬者案燕禮主人洗升實散獻卿于西階上獻卿畢小臣又請媵爵者公使二人媵爵奠于公前公又行一爵若賓若長唯公所酬以旅于西階上大夫辯而止此是爲卿旅酬也燕禮直云卿不云小卿大卿之異則小卿大卿俱同獻也○而后獻大夫大夫舉旅行酬者案燕禮主人洗獻大夫于西階上大夫辯受獻乃納工獻衆工畢公又舉奠觶唯公所賜以旅于西階上此是獻大夫爲大夫而旅酬也○而后獻士士舉旅行酬者案燕禮說屨升堂坐之後主人獻士于西階上獻士辯又獻旅食賓媵觚于公公坐取賓所媵觶與唯公所賜乃就席坐行之終於大夫終受者興以酬士士舉旅于西階上此是獻士爲旅酬也○而后獻庶子者庶子畢不爲之舉旅但無算爵之節執爵者酌而旅之○俎豆牲體薦羞皆有等差者公及卿大夫士等牲體薦羞之節皆有等差但燕禮不載無以言也

附釋音禮記注疏卷第六十二

# 禮記注疏卷六十二挍勘記　阮元撰盧宣旬摘録

附釋音禮記注疏卷第六十二　惠棟挍宋本禮記正義卷第六十九

射義第四十六

古者諸侯之射也節

然後射以觀德行也　閩監毛本嘉靖本衞氏集說同惠棟挍宋本然作乃岳本同考文引古本同

正謂立行禮似饗　閩本同惠棟挍宋本同監毛本立作其

所以明長幼之序者　閩監毛本同考文引宋板者上有也字

故射者進退周還必中禮節

言內志審正則射能中　閩監毛本同衞氏集說同考文引宋板無射字

出自射者而來　閩監毛本同惠棟挍宋本自下有此字

其節天子以騶虞爲節節

士以采繁爲節　石經嘉靖本同閩監毛本繁作蘩岳本同衞氏集說同下同釋文亦作蘩

壹發五豝　閩本岳本嘉靖本衞氏集說同監毛本豝誤豝釋文出五豝通典七十一作一發五豝亦誤

被之僮僮　衞氏集說同閩監毛本作童童岳本嘉靖本同釋文出僮僮云本亦作童童通典作偉僮

其節至德也　惠棟挍宋本無此五字

是故古者天子以射節

男子生有縣弧之義　閩本同監毛本縣作懸衞氏集說同○按縣正字懸俗字

能窮盡禮　〔補〕案禮下當有樂字此本誤脫

是故古者天子之制節

數有讓而削地閩監毛本石經岳本嘉靖本衛氏集說同釋文出而削坊本而誤則石經考文提要云宋大字本宋本九經南宋巾箱本余仁仲本劉叔剛本並作而削

是故至有也惠棟挍宋本無此五字

其貢獻之功與計吏俱來閩本同惠棟挍宋本同監毛本功作物衛氏集說同

故詩曰節

故詩曰曾孫侯氏四正具舉大夫君子凡以庶士小大莫處御于君所具也閩監毛本同惠棟挍宋本無此二十九字

諸侯自爲正之具也閩監毛本同惠棟挍宋本也下有者字

孔子射於矍相之圃節

公罔之裘揚觶而語曰閩監毛本岳本嘉靖本衛氏集說同石經亦有之字正義云案經下云公

罔裘上云之裘故知之是發聲也是正義本此句無之字

稱猶言也行也 嘉靖本閩監毛本衛氏集說同惠棟挍宋本作稱猶言也道猶行也言行也多五字岳本同盧文弨挍云岳云越建本有此五字監與余本皆無案道猶二字當有言行也三字衍文段玉裁云依宋監本則言行也三字賸

使一人俱舉觶誓衆 閩監毛本同考文引宋板一作二衛氏集說亦作使二人俱舉觶以誓衆按二字是

者不問此衆人之中 毛本者不二字作謂字

樂正升堂復位 閩監毛本同衛氏集說同考文引宋板正作工

君使二人舉觶於賓與大夫 惠棟挍宋本作於衛氏集說同閩監本於作于此本於字闕毛本同

但衆賓射事既了惠棟按宋本作賓衛氏集說同閩監毛本賓作耦此本空闕

不復斥言其惡於此惠棟按宋本作於此此本於字闕閩監毛本於作故

旄期之老不復能射惠棟按宋本作復衛氏集說同此本復字空闕閩監毛本復誤是

雖不能射與在賓中惠棟按宋本作賓衛氏集說同此本賓字闕閩監毛本賓作射

又鄉大夫職云以鄉射之禮惠棟按宋本作云此本云字闕閩監毛本云作退涉本文而誤衍也

是配合之外更有奇隻惠棟按宋本作隻此本隻字闕閩監毛本隻作也

故知之是發聲也即褒爲名矣惠棟按宋本作也閩監毛本也作而此本空闕毛本矣字不誤此本矣誤失閩監本同

舉觶者古者於旅也語者閩本如此惠棟按宋本同此本惟語下者字空闕監毛本

古者於旅也語者七字並空闕

先王禮樂之道也云者耋皆老也惠棟按宋本如此閩監毛本道也云誤義理也此本空闕

僖九年傳云七十曰耋大畧言之七十八十謂年餘七十也補閩監毛本大畧言之七十八十作又鄭注易大耋之嗟

又毛詩傳云八十曰耋惠棟按宋本作傳是也閩監毛本傳作箋此本空闕

云者不言有閩監本同惠棟按宋本云下有言行也三字毛本云下有行也二字

射之爲言者繹也節

射之至諸侯惠棟按宋本無此五字

耦升自西階並而東皆當其物惠棟按宋本同閩監毛本而作行衞氏集說同

各本皆字同山井鼎云宋板皆作階非也

又方制之以爲𩫏閩監毛本同衞氏集說同惠棟按宋本𩫏作辜山井鼎云周禮司裘注作辜字書作辜宋板近是

卿大夫射一侯三正閩監毛本同惠棟按宋本三作二

凡賓射之侯謂之正惠棟按宋本作凡衞氏集說同閩監毛本凡賓誤賓賓此本空闕

畿內諸侯賓射惠棟按宋本作畿內衞氏集說同閩監毛本畿內誤設鵠此本空闕

約大射諸侯既同天子惠棟按宋本如此衞氏集說同閩監毛本諸侯既同誤禮文之意此本空闕

亦同天子用五正三正二正之侯其卿大夫射惠棟按宋本如此衞氏集說同閩監本之侯其卿誤若諸侯用毛本同又三正字並誤作子此本空闕

凡中央之赤 惠棟挍宋本作凡閩監毛本凡作其

其外又畫以雲氣 惠棟挍宋本如此閩監毛本畫以雲氣誤作有白布若此本空闕

下舌半上舌出躬者 閩本同惠棟挍宋本同監毛本躬誤倍

其糝侯下舌及躬凡有四尺 閩監本同毛本躬誤射

是糝侯下畔去地一丈五寸三分寸之一 考文引宋板同閩監毛本五寸誤作五尺

天子將祭節

而后射於射宮 閩監本同惠棟挍宋本同石經同岳本同衛氏集說同毛本后誤侯

是知於澤中射椹質而已 惠棟挍宋本作知此本知誤故閩監毛本同衛氏集說作以是知於澤中射椹質而已今正

故男子生節

故男至謂也　惠棟挍宋本無此五字

猶若事畢設飯食　閩監毛本同考文引宋板食下有者字

射求正諸己　閩監毛本石經岳本嘉靖本衛氏集說同坊本無射字石經考文提要云宋大字本宋本九經南宋巾箱本余仁仲本劉叔剛本並有射字

反求諸己而已矣　惠棟挍宋本作求反石經同此本求反二字倒閩監毛本同岳本同衛氏集說同嘉靖本同

孔子曰射者何以射節

畫曰正　閩本嘉靖本同考文引宋板同岳本同監毛本畫下衍布字衛氏集說同

循聲若謂射者依循樂聲　閩監毛本同考文引宋板若作者

陳古之明王大射之禮閩毛本同監本大誤夫○惠棟挍宋本此節疏後標禮記正義卷六十九終記云凡十八頁

燕義第四十七惠棟挍宋本禮記正義卷第七十

古者周天子之官節

古者至退之惠棟挍宋本無此五字

不與干國子閩本同考文引宋板同監毛本干誤于衞氏集説同下不干其事也同

設賓主節

鄭注彼云諸公者容牧有三監也閩監毛本同考文引宋板無公字衞氏集説同○按依燕禮注當作言諸者

云疑自下上至之辭也閩監毛本同惠棟挍宋本也下有者字

云尊與君大相近閩監毛本同惠棟挍宋本近下有也字

君舉旅於賓節

言聖人制禮閩監本岳本嘉靖本衛氏集說同毛本制誤之

禮記注疏卷六十二挍勘記

# 附釋音禮記注疏卷第六十三

聘義第四十八　○陸曰鄭云名聘義者以其記諸侯之國交相聘問重禮輕財之義〔疏〕正義曰案鄭目録云名曰聘義者以其記諸侯之國交相聘問之禮重禮輕財之義也此於别録屬吉事此聘義釋儀禮聘禮之義但儀禮聘禮者謂大聘使卿故經云及竟張旜旜是孤卿所建也聘禮謂侯伯之卿故經云上介奉束錦士介四人皆奉玉錦介凡五人故知侯伯之卿此聘義所釋包五等之卿故此經云上公七介侯伯五介子男三介皆謂其卿也

禮記　鄭氏注　孔穎達疏

聘禮上公七介侯伯五介子男三介所以明貴賤也　此皆使卿出聘之介數也大行人職曰凡諸侯之卿其禮各下其君二等○介音界下及注同下戶嫁反〔疏〕聘禮至賤也○正義曰此篇揔明聘義各顯聘禮之經於上以義釋之於下從首至末又明聘所執玉又因明有諸德之義今各依文解之今此一經以介數不同明貴賤有異皆謂使卿出聘之介數也○上公七介者若上公

親行則九介其卿降二等故七介侯伯子男以次差之義可知也 介紹而傳命君子於其所尊弗敢質敬之至也 質謂正自相當○傳丈專反下同 【疏】介紹至至也○正義曰此一節明聘禮之有介傳達賓主之命敬之至極也 三讓而后傳命三讓而后入廟門三揖而后至階三讓而后升所以致尊讓也 此揖讓主謂賓也三讓而後傳命賓至廟門主人請事時也賓見主人陳擯以大客禮當已則三讓之不得命乃傳其君之聘命也三讓而後入廟門讓主人廟受也小行人職曰凡四方之使者大客則擯小客則受其幣聽其辭○擯必刃反本又作儐下文及注皆同說文云擯或儐字使所吏反 【疏】三讓至讓也○正義曰上經明設介傳命致敬之義此經明欲傳命之時先須三讓又傳命之後入廟門及升階揖讓之節明賓所以尊讓主人○三讓而后傳命者謂賓在大門外見主人陳擯以大客之禮待己己不敢當三度辭讓主人不許乃後傳聘君之命○三讓而后入廟門者謂賓既傳命之後主君延賓而入至廟將欲廟受賓不敢當之故三讓而后

入廟門主君在東賓差退在西相鄉三讓乃入廟門也○三揖而后至階者初入廟門一揖也當命北面又揖二揖也當碑又揖三揖也○三讓而后升者謂主君揖賓至階主君讓賓升賓讓主君如此者三主君乃先升賓乃升也○所以致尊讓也言如此者是賓致其尊敬讓主人之心也○注此揖至其辭○正義曰知此揖讓主謂賓者以三讓而后傳命及三讓而后入廟門皆賓先讓也三揖至階三讓而后升雖主人爲首皆賓讓而後至於主人若賓不讓則不至於三是揖讓之事皆賓爲主故云此揖讓主謂賓也云三讓而後傳命賓至廟門主人請事時也者鄭解三讓而後傳命之節正當賓至主人大門主人請事之時案聘禮賓至大門主人陳介○而請事此云廟門者有廟字者誤也案鄭注鄉飲酒云事同曰讓事異曰辭此主人以大客禮賓賓不敢當大客之禮乃是事異應云三辭而云三讓者但鄭於儀禮自上下爲例此云三讓記者之言辭之與讓其義亦通也云乃傳其君之聘命也解經傳命之言案聘禮注云賓至末介上擯至末擯亦相去三丈六尺賓乃傳聘君之命於上擯也故云傳其君之聘命也案司儀職○兩君相見則交擯若臣聘於君則旅擯交擯傳命者聘禮注云其傳云各鄉本受命反面傳而下及末則鄉受之反面傳而上又受命傳而下其旅擯之時不上下

相傳直賓及上擯相對而語交擯與旅擯雖别揔而言之皆
是傳命故注聘禮引此介紹而傳命謂時交擯而傳命也今
此聘義介紹傳命論相聘也及三讓而后傳命皆聘之旅擯
亦是傳命也熊氏皇氏皆以此介紹傳命爲朝之交擯今此
聘義不釋朝乃於聘義之中而記朝之傳命理爲不可又鄭
此注傳其聘君之命其義分明熊氏皇氏之說未盡善也云
三讓而後入廟門者案聘禮入廟門之時無三讓之文不備
也云讓主人廟受也者解入廟門三讓之意主人於廟受賓
之禮言賓不敢當其廟受故云讓主人之廟受
也引小行人職者證大客來主人有擯迎之法 君使士
迎于竟大夫郊勞君親拜迎于大門之内而
廟受北面拜貺。拜君命之辱所以致敬也貺賜
也賓致命公當楣再拜。聘君之恩惠辱命來聘者也○竟音境勞力報反拜況本亦作貺音同楣音眉〔疏〕君使
至敬也○正義曰前經明賓致尊讓。於主君故此經明主君
尊敬聘客所以致敬於彼君之命也○君使士迎於竟謂主
君使士迎客於竟故聘禮賓及竟張旜君使士請事遂以入
是也○大夫郊勞○聘禮云賓至於近郊君使下大夫請行

君又使卿朝服用束帛勞此大夫郊勞者即卿也○君親拜迎于大門之內而廟受案聘禮賓入門左公再拜是君拜迎於大門之內聘禮又云及廟門公揖入納賓賓入門左賓升西楹西東面是廟受也北面拜貺者君於阼階之上北面再拜拜聘君之貺貺謂惠賜也聘禮云公當楣再拜是也○拜君命之辱者釋此北面拜貺之義也言主君所以北面拜貺者拜聘君之命來屈辱也○所以致敬也言主君致敬於聘君**敬讓也者君子之所以相接也故諸侯相接以敬讓則不相侵陵**君子之相接賓讓而主人敬也〔疏〕敬讓至侵陵○正義曰此一經揔結上故賓主交相敬讓者是君子所以相接待也敬讓則不相侵陵者以主人致敬賓致讓同心以禮相接故不相侵陵**卿爲上擯大夫爲承擯士爲紹擯君親禮賓賓私面私覿致饔餼還圭璋賄贈饗食燕所以明賓客君臣之義也**設大禮則賓客之也或不親而使臣則爲君臣也○覿大歷反

見也雍字又作饔音同餼許既反還音旋下及注同璋音章賄呼罪反字林音悔享許兩反本又作饗食音嗣下同【疏】卿爲至義也○正義曰主國之卿爲上擯接迎於賓○大夫爲承擯者承副上擯也○士爲紹擯者紹繼也謂繼續承擯案聘禮注其位相承繼又聘禮注云主君公也則擯者五人侯伯也則擯者四人子男也則擯者三人其待聘客及朝賓其擯數皆然故大行人云上公擯者五人侯伯四人子男三人謂迎朝賓也若擯者五人則士爲紹擯者三人若擯者四人則士爲紹擯者二人若擯者三人則士爲紹擯者一人○君親禮賓者謂行聘已訖君親執醴以禮賓故聘禮賓行聘訖宰夫徹几改筵公出迎賓以入公側受。醴賓受醴公拜送醴是也○賓私面私覿者私面謂私以己禮覿主國之卿大夫也私覿者私以己禮覿主國之君以其非公聘正禮故謂之私案聘禮私面在後此先云私面者記者便文無義例也面亦見也以其於臣禮質故以面言之故聘禮注云面亦見也其謂之面威儀質也此於臣謂之面而司儀云諸公之臣相爲國客私面私獻注云私面私覿也又以私面爲私覿者以司儀之文但云私面私獻不云私覿故以私面爲私覿也昭六年左傳楚公子棄疾見鄭伯以其乘馬八匹私面於君而稱面者因行過鄭而面鄭伯非正禮故雖君亦稱面也○

致饔餼者謂行聘之日主君使卿致饔餼之禮於賓館案聘
禮君使卿韋弁歸饔餼五牢注云牲殺曰饔生曰餼又曰餼
一牢鼎九設於西階前腥二牢鼎二七設于阼階前餼二牢
陳于門西北面東上是也案聘禮餼既爲生而左傳僖三十
三年云餼牽竭矣服虔云死曰餼者以餼與牽相對牽既爲
生餼則爲死故詩瓠葉箋云牲牢饔餼鄭注云腥曰餼者以
牲牢饔餼相對以牲牢既爲生饔又爲熟故以餼爲腥也○
還圭璋者謂賓將去時君使卿就賓館還其所聘之圭璋故
聘禮云君使卿皮弁還玉于館是也賄贈者因其還玉之時
主人之卿并以賄而往還玉既畢以賄贈之故聘禮還圭璋
畢大夫賄用束紡是也○饗食燕者謂主君設大禮以饗賓
設食禮以食賓皆在朝也又設燕以燕之燕在寢也故聘禮
云公於賓壹食再饗燕與羞淑獻無常數是也所以明賓客
君臣之義也謂君親禮賓賓用私覿及致饔餼饗食之屬或
主人敬賓或賓荅主人或君親援賓或使臣致之是顯明賓
客君臣之義也○注設大至臣也○正義曰鄭解賓客君臣
之義也設大禮謂饗食之屬則以賓客禮待之使人延賓於
館則主君親待之是賓客其使人也云或不親而使臣則爲
君臣也者謂主君或不親饗則使人致禮於賓若致饔餼致
饗致食及還圭贈賄之屬皆主君不親使臣致禮於客客是

臣故使臣獻之是君臣之義也故天子制諸侯比年小聘三年大聘相厲以禮使者聘而誤主君弗親饗食也所以愧厲之也諸侯相厲以禮則外不相侵內不相陵此天子之所以養諸侯兵不用而諸侯自爲正之具也比年小聘所謂歲相問也三年大聘所謂殷相聘也〇比必履反使色吏反媿本又作愧音同〔疏〕故天至具也〇正義曰此經明諸侯交相聘問相厲以禮則內崇敬讓外不相侵陵是自爲正之具〇天子制諸侯比年小聘三年大聘者謂天子立制使諸侯相於比年使大夫小聘三歲使卿大聘〇使者聘而誤主君弗親饗食也謂來聘使者行聘之時禮有錯誤則主國之君不親自饗食以接賓所以使賓恥愧自勉勸厲〇此天子之所以養諸侯兵不用者謂天子制此禮使諸侯自相親是存養諸侯無兵革之患〇而諸侯自爲正之具也〇正謂國無患難國家得正由其外親諸侯所以如此是自爲正之具也〇注比年至聘也〇正義曰案

大行人云諸侯之邦交歲相問也案聘禮記云小聘曰問故知此比年小聘是歲相問也大行人又云殷相聘也殷中也謂三年之時中而無事故稱殷也案昭元年左氏傳云孟僖子如齊殷聘禮也服虔注云自襄二十年叔老聘於齊至今積二十年故脩盛聘之禮鄭引之以解大行人殷相聘也鄭以殷爲中惟取殷聘之文以解殷相聘之義正取殷文是同其年數則異故以此三年之聘爲殷聘也此經所云謂諸侯自相聘也而王制云諸侯之於天子比年一小聘三年一大聘五年一朝與此不同者此經諸侯相聘是周公制禮之正法王制所云謂文襄之法故不同也

以圭璋聘重禮也已聘而還圭璋此輕財而重禮之義也諸侯相厲以輕財重禮則民作讓矣

圭瑞也尊圭璋之類也用之還之皆爲重禮禮必親之不可以已之有還復之也財謂璧琮享幣也受之爲輕財者財可還復重賄反幣是也○皆爲于僞反琮才工反〔疏〕以圭至讓矣○正義曰此一經明既聘還圭璋輕財重禮教民廉讓之意○以圭璋聘重禮也者玉以比德故以圭璋而聘貴重其禮也言此禮可貴與玉相似○已聘而還圭璋此輕財而

重禮之義也謂既聘之後賓將歸時致此圭璋付與聘使而
還其聘君也凡行聘禮之後享君用璧享夫人用琮圭璋玉
之賚惟玉而已璧琮則重其華美加於束帛聘使既了還以
圭璋之玉重其禮故還之留其璧琮之財是輕其財故留之
重者難可報覆故用本物還之輕者易可酬償故更以他物
贈之此是輕財重禮之義也○則民作讓矣者言諸侯既能
相厭以輕財重禮之義君既行之於上人則效之於下故民
皆作其廉讓矣○注圭瑞至是也○正義曰云圭瑞者以器
言之謂之圭執以行禮謂之瑞瑞信也謂與人爲尊卑之信
驗也云尊圭璋之類也用之還之皆爲重禮者言尊敬此璋
同於圭則璋是圭之等類用之以聘聘訖又還皆爲尊重此
禮以圭璋所以行禮故重之也云禮必親之不可以已之有
遞復之也者言行禮之義必親自爲之若已親往彼國則可
以已國之有執往行禮今主國之君既不親往彼國則不以
已國所有寶玉遞後償他國所來圭璋故還歸之也故云不
可以已之有遞復之也復償也云財謂璧琮享幣也受之爲
輕財者案聘禮享君以璧享夫人以琮享獻也謂享獻之幣
主人受而不還是謂輕財也云財可遞復者解受璧琮之意
璧琮是財輕可得以已物遞而復償於彼國賓來者已得受
之但聘禮圭璋與璧琮相對故圭璋爲聘璧琮爲享若諸侯

之朝天子圭璋與璧琮皆爲享也皆爲財故小行人合六幣圭以馬璋以皮二王之後享天子用圭享后用璋則雖圭璋亦受之不歸也云重賄反幣是也者案聘禮云無行則重賄反幣注云無行謂獨來復無所之也

主國待客出入三積餼客於舍五牢之具陳於內米三十車禾三十車芻薪倍禾皆陳於外乘禽日五雙羣介皆有餼牢壹食再饗燕與時賜無數所以厚重禮也

厚重禮厚此聘禮也○積子賜反芻初俱反倍步罪反乘繩證反一食一又作壹食食音嗣

【疏】主國至禮也○正義曰此一經明待賓之厚所以尊重聘禮之義主國待客出入三積者此謂上公之臣故出入三積若侯伯以下之臣則不致積也故司儀云諸公之臣相爲國客則三積注云侯伯之臣不致積知者謂聘禮是侯伯之臣故文無致積也此出入三積者謂入三積出亦三積故司儀云遂行如入之積是去之積如來時積也○餼客於舍五牢之具陳於內者案聘禮致客有饔有餼今直云餼客者略言之於舍謂於賓館也五牢

之具謂餁一牢在賓館西階也腥二牢在賓館東階也餼二牢在賓館門外之西是皆陳於內也米三十車禾三十車芻薪倍禾皆陳於外外者案聘禮米三十車設于門東東陳禾三十車設於門西西陳薪芻倍禾也鄭注薪從米芻從禾○乘禽日五雙者謂乘行羣匹之禽鴈鶩之屬聘卿則每日致五雙也羣介皆有餼牢者鄭注掌客云爵卿也則飧二牢饔餼五牢爵大夫也則飧大牢饔餼三牢爵士也則飧少牢饔餼大牢也○壹食再饗燕與時賜無數者此謂聘卿也一爲之設食再爲之設饗其歡燕與當時之賜無常數也○所以厚重禮也。言備設待賓之物所以豐厚尊重行聘之禮其天子待諸侯之禮及諸侯相待之法賓主玉帛之節饔餼飧積之差米禾薪芻多少饔食牲牢隆殺皆文具掌客義見聘禮可以尋文取實故於此略而不言也

古之用財者不能均如此然而用財如此其厚者言盡之於禮也盡之於禮則內君臣不相陵而外不相侵故天子制之而諸侯務焉爾不能均如此言無則從其實也言盡之於禮欲令富者不得過也〔疏〕

古之至焉爾。正義曰此一經明聘禮用財之厚務行禮讓則君臣內外不相侵陵所以諸侯務焉。古之用財不能均如此此者言古之費用其財不能悉皆均平常能如此之厚言厚則從其豐無則從其實。然而用財如此其厚者言盡之於禮也者言古之用財既有隆有殺而相聘之事費用其財如此豐厚者言用財盡極於禮言以禮則止雖有富者不得過也。盡之於禮則內君臣不相陵而外不相侵者言若能豐厚用財在於禮謂以禮自制不得過則於國內上下和睦君臣不相陵也謂四鄰歸懷外不相侵也。故天子制之諸侯務焉爾者言行禮使君臣內外不相侵陵故天子制此聘禮而諸侯務而行焉。注不能至過也。正義曰言無則從其實也者言國若豐厚則盡其財以行禮國若乏無則從其當時之實猶如國新殺禮凶荒殺禮計財而行禮故云從其實云欲令富者不得過也者謂豐財以行禮盡禮而用財雖有其財唯盡極於禮不可禮外更多用其財使貧而及禮富者不得奢此上下得宜內外無怨也　聘射之禮至大禮也質明而始行事日幾中而后禮成非強有力者弗能行也故強有力者將以行禮也（禮成禮畢也或曰行成○幾徐音饑又音基行成下孟反）酒清人渴而不敢飲也肉乾人飢而不敢食也日莫人倦齊莊正齊而不敢解惰以成禮節以正君臣以親父子以和長幼此衆人之所難而君子行之故謂之有行有行之謂有義有義之謂勇敢故所貴於勇敢者貴其能以立義也所貴於立義者貴其有行也所貴於有行者貴其行禮也故所貴於勇敢者貴其敢行禮義也故勇敢強有力者天下無事則用之於禮義天下有事則用之於戰勝用之於戰勝則無

敵用之於禮義則順治外無敵內順治此之謂盛德故聖王之貴勇敢強有力如此也勇敢強有力而不用之於禮義戰勝而用之於爭鬬則謂之亂人刑罰行於國所誅者亂人也如此則民順治而國安也勝克敵也或爲陳〇渴苦葛反乾音干莫音暮齊側皆反解佳買反惰徒臥反長丁丈反有行有行並下孟反下有行同治直吏反陳直靳反

【疏】聘射至安也〇正義曰以前經說聘禮既畢此一節又申明行聘之時禮儀既大日晚始罷故記者引唯勇敢之人能成禮事故於此明之此是聘義兼云射者以強有餘力之士非但聘而行禮又能射爲武事故此摠明之也〇聘射之禮至大禮也者言此聘之與射至極繁大之禮非如冠昏之屬暫時即畢〇日幾中而后禮成者幾近也日近在於中而後禮成畢〇非強有力者弗能成也故強有力者將以行禮也〇言非強有德力而行禮則禮事不成也〇酒清人渴不敢飲也者此謂射

禮也言欲射之時先行燕禮唯以禮獻酬不敢恣意醉飽但行禮而已非謂全不得飲之聘禮行聘之時但酌醴禮賓無酒肴之事故知此唯據射也○肉乾人飢而不敢食也者亦言不敢全食而令飽也○日暮人倦齊莊正齊者謂日暮晚人斯解倦猶齊莊而自整齊也○人而不敢解惰以成禮節者所以日莫猶自整齊者以不敢解倦成就禮之節制此亦謂射禮也故此以下即云以正君臣以親父子以和長幼皆謂射也前文云日幾中而後禮成聘射揔陳特謂聘也故日幾中而禮成此云日莫者謂射禮也酒清肴乾特據於射故日莫而成禮節也○以正君臣者謂射前行燕禮謂君在阼賓升成拜稽首之屬及受君賜再拜稽首之等是以正君臣也○以親父子以和長幼者此謂鄉射之前行鄉飲酒之禮有齒於父族之事故云以親父子以和長幼但此節揔結聘射則前篇射義在其中也故射義云諸侯之射必先行燕禮卿大夫士之射必先行鄉飲之禮故燕禮所以明君臣之義也鄉飲酒之禮所以明長幼之序也故此經總結之也故酒清肴乾之屬燕禮與鄉飲酒禮初行之時事同於饗皆有此也至說屨升坐之後乃盡歡飲食也此衆人之所難而君子行之者言以上之事凡衆人所難行君子之人特能行之○故謂之有行者以君子有能行故謂此君子爲有行之士身既有

行則事得宜故云有行之謂有義有義則臨敵果斷故云有義之謂勇敢此揔覆說聘之與射也○故勇敢強有力者勇敢明射之所須強有力明聘之所須故前文論聘止稱強有力者此經論射則云勇敢故知然也天下無事則用之於禮義者無事謂兵革休息故用之於聘射之禮義○天下有事則用之於戰勝者有事謂軍旅數起故用之於戰鬬必得勝也○勇敢強有力而不用之於禮義戰勝而用之於爭鬬則謂之亂人者戰勝謂公義而戰勝則前經戰勝是謂以戰而勝也此云用之於爭鬬者謂私爭忿鬬與前經不同也故云不用之禮義戰勝而用之於爭鬬

子貢問於孔子曰敢問君子貴玉而賤碈者何也爲玉之寡而碈之多與碈石似玉或作玟也○碈武巾反字亦作瑉似玉之石爲于僞反下同與音餘玟武巾反又音救

孔子曰非爲碈之多故賤之也玉之寡故貴之也夫昔者君子比德於玉焉溫潤而澤仁也色柔溫潤似仁也潤或爲濡○濡音儒縝密以栗知也

縝緻也栗堅貌○縝音軫一音眞知音智致直置反本亦作緻廉而不劌義也劌傷也義者不苟傷人也○劌音九衞反字林云利傷也又音已芮反垂之如隊禮也禮尚謙卑○隊直位反又音遂叩之其聲清越以長其終詘然樂也樂作則有聲止則無也越猶揚也詘絕止貌也樂記曰止如槀木○叩音口詘其勿反槀木苦老反亦作槁瑕不揜瑜瑜不揜瑕忠也瑕玉之病也瑜其中間美者玉之性善惡不相揜似忠也○瑕音遐揜音掩瑜羊朱反玉中美孚尹旁達信也孚讀爲浮尹讀如竹箭之筠浮筠謂玉采色也采色旁達不有隱翳似信也孚或作姇或爲扶○孚依注音浮尹依注音筍又作筠于貧反翳於計反姇音孚徐方附反氣如白虹天也精神見于山川地也精神亦謂精氣也虹天氣也山川地所以通氣也○虹音紅見賢遍反圭璋特達德也特達謂以朝聘也璧琮則有幣惟有德者無所不達不有須而成也○朝直遥反天下莫不貴者道也

道者人無不由之

詩云言念君子溫其如玉故君子貴之也 言我也貴玉者以其似君子也 疏 子貢至之也。正義曰以聘用玉因論玉有諸德而結成聘義之篇也。爲玉之寡而碈之多與者子貢之意所以貴玉者豈不爲玉之寡少故貴之碈之饒多故賤之與疑辭也。孔子曰至玉焉。言貴玉由其有德非爲少故貴之謂昔者君子之人於玉以比道德所以貴玉者爲其有德君子之人比德堪敬重如玉故貴之有德即下云溫潤而澤仁等是也。溫潤而澤仁也者言玉色溫和柔潤而光澤仁者亦溫和潤澤故云仁也。縝密以栗知也者縝緻也栗謂堅剛言玉體密緻而堅剛人有智者性亦密緻堅剛故云知也。廉而不劌義也。廉稜也劌傷也言玉體雖有廉稜而不傷割於物人有義者亦能斷割而不傷物故云義也。垂之如隊禮也。言玉體垂之而下墜人有禮者亦謙恭而卑下故言禮也。叩之其聲清越以長其終詘然樂也者越揚也詘謂止絕也言叩玉體以物叩擊其聲清泠發越以長遠而聞其擊之終音。聲則詘然而止不如鐘聲擊罷猶有餘音也其爲樂之法初作聲而發揚樂罷則止如槁木言玉體亦然故云樂也。瑕不揜瑜瑜不揜瑕忠也。瑕謂玉之病處瑜謂玉中美處言玉之病處不揜映美處玉之美處不揜映病處皆以忠實見外如人之忠者亦以忠心見外故云忠也○孚尹旁達信也○孚浮也浮者在外之名尹讀如筠筠者若竹箭之筠筠亦潤色在外者旁者四面之謂也達者通顯之名也信者内不欺隱者也玉采色彰著見於外無隱掩如人有信信者亦著見於外故云信也○氣如白虹天也○白虹謂天之白氣言玉之白氣似天白氣故云天也○精神見於山川地也○精神謂玉之精氣徹見於山川謂玉在山川之中精氣徹見於外地氣含藏於内亦徹見於外與地同故云地也○圭璋特達德也○行聘之時唯執圭璋特得通達不加餘幣言人之有德亦無事不通不須假他物而成○言圭璋之特同人之有德故云德也○天下莫不貴者道也○道者通也言萬物無不由道而通故天下無不貴之玉者亦天下貴之與道相似故云道也○詩云言念君子溫其如玉此詩秦風小戎之篇美秦襄公之詩也言襄公出兵征伐西戎婦人思念其夫言我念此君子顏色溫然如玉引之者證玉以比人德之事言貴玉者以其似君子故云君子貴之也○注碈石似玉○正義曰案呂諶字林云碈美石以其石之美者故云似玉也○注栗堅貌○正義曰案詩大雅云實穎實栗栗是禾之堅熟故云栗堅貌也○注樂記曰止如槀木○正義曰引之者證樂聲之止似擊枯槀

之木無餘聲也言玉擊止之時其聲即絕與樂相似也。注
瑕玉至忠也。正義曰瑕玉之病也呂諶字林云瑕玉小赤
而云病者以瑕與疵瘕義同故云玉之病也云瑜其中間美
者案字林云瑜美玉是瑕之中間美善者。注孚讀至信也
正義曰案字林云琈玉別名玉旁孚也此讀爲浮者取浮見
於外非字林琈玉之名也。注有德者無所不有須而
成也。正義曰德者得也萬物皆得故無所不通達不更須
待外物而自成也以聘享之禮有圭璋璧琮則有束帛
加之乃得達圭璋則不用束帛故云特達然璧琮亦玉所以
琮則加於他物圭璋得特達者但玉旣比德於禮重處則特
達於禮輕處則加物以玉可重
可輕美其重處言之故云特達

## 喪服四制第四十九

。陸曰鄭云以其記喪服之制取其仁義禮智四者也別錄屬

喪禮〔疏〕正義曰案鄭目錄云名曰喪服四制者以其記喪服
之制取於仁義禮知也此於別錄舊說屬喪服鄭云
舊說案別錄無喪服四制之文唯舊說稱此喪服之篇屬喪
服然以上諸篇每篇言義此不云喪義而云喪服四制者但
以上諸篇皆記儀禮當篇之義故每篇言義也此則記者別
記喪服之四制非記儀禮喪服之篇故不云喪服之義也。

禮記　鄭氏注　孔穎達疏

凡禮之大體體天地法四時則陰陽順人情故謂之禮訾之者是不知禮之所由生也禮之言體也故謂之禮言本有法則而生也。毀曰訾。訾徐音紫毀也一音才斯反。〔疏〕凡禮至生也　正義曰此一篇揔論喪之大體有四種之制初明恩制次明理制次明節制次明權制既明四制事畢又明三年喪自古而行之故引高宗之事又明斬衰以下節制之差結成仁義之事各隨文解之。體天地者言禮之大綱之體體於天地之間所生之物言所生之物皆禮以體定之。法四時者則下文云喪有四制變而從宜取之四時是也。則陰陽者下文云吉凶異道不得相干取之陰陽是也。順人情者下文云有恩有理有節有權取之人情是也。故謂之禮者以其無物不體故謂之爲禮故注云禮之言體也。訾之者是不知禮之所由生也者言若訾毀不信禮之體天地法四時則陰陽順人情如此之人是不識知禮之所由生也言不知禮之有法則也

夫禮吉凶異道不得

相干取之陰陽也吉禮凶禮異道謂衣服容貌及器物也喪有四制變而從宜取之四時也有恩有理有節有權取之人情也恩者仁也理者義也節者禮也權者知也仁義禮知人道具矣取之四時謂其數也取之人情謂其制也。知音智下同〔疏〕夫禮至具矣。正義曰此一節覆說前文禮法四時則陰陽順人情之事不覆說體天地者天地包此四時陰陽人情無物不摠故不覆說體天地之事。吉凶異道者言吉凶各異其道及衣服容貌器物不同也喪有四制變而從宜者言門內主恩若於門外則變而行義尊卑有定禮制有恆以節爲限或有事故不能備禮則變而行權是皆變而從宜取人情也。恩者仁也理者義也節者禮也恩屬於仁理屬於義節屬於禮故云節者禮也。權者知也量事權宜非知不可故云權者知也。仁義禮知人道具矣者此摠結四制之義仁屬東方義屬西方禮屬南方知屬北方四時並備是人道具矣五常五行四時無信者知中兼之故北方水爲知又爲信是取法四時故不并數信也其恩厚者其服重故爲父斬衰三年以恩制者也服莫重斬衰也。爲于僞反下及注同衰七回反注及下同〔疏〕其恩至者也。正義曰此一經明四制之中恩制也以父最恩深故特舉父而言之其實門内諸親爲之著服皆是恩制也門内之治恩揜義門外之治義斷恩資於事父以事君而敬同貴貴尊尊義之大者也故爲君亦斬衰三年以義制者也資猶操也貴貴謂爲大夫君也尊尊謂爲天子諸侯也。治直吏反下同揜於檢反斷丁亂反操七刀反皇云特也〔疏〕門内至者也。正義曰此一經明門外之治四制之中義制也門内之治恩揜義者以門内之親恩情既多揜藏公義言得行私恩不行公義若公羊傳云有三年之喪君不呼其門是也。門外之治義斷恩者門外謂朝廷之間既仕公朝當以公義斷絶私恩若曾子問父母之喪既卒哭金革之事無辟是也。資於事父以事君而敬同者言操持事父之道以事於君則敬君之禮與父同。貴貴者貴謂大夫之臣事大夫爲君者也大夫始入尊境則是貴也此臣盡敬此君故云貴貴也○尊尊者尊尊謂天子諸侯之臣事天子諸侯爲君者也天子諸侯同爲南面則是尊也此臣極敬此君故曰尊尊也○義之大者也以義斷恩內外如一雖復大夫與王侯有異而其臣敬不殊故並云義之大者也○故爲君亦斬衰三年以義制者也言亦謂亦同於父也

三日而食三月而沐期而練毀不滅性不以死傷生也喪不過三年苴衰不補墳墓不培祥之日鼓素琴告民有終也以節制者也資於事父以事母而愛同天無二日土無二王國無二君家無二尊以一治之也故父在爲母齊衰期者見無二尊也食食粥也沐謂將虞祭時也補培猶治也鼓素琴始存樂也三年不爲樂樂必崩○期音基下同苴七餘反墳扶云反培步回反徐扶來反爲于僞反下注爲君同齊音咨見賢遍反粥

之六反○〔疏〕三日至尊也○正義曰此一節明四制之中節制也○苴衰不補者言苴麻之衰雖破不補○墳墓不培者培益也一成上陵之後不培益其土○祥之日鼓素琴者大祥之日得鼓素琴○告民有終也者言所以爲此上事告教其民使哀有終極也○以節制者也以情實未已仍以禮節爲限制抑其情也自此以上皆節制之事從此以下更申明節制欲尊歸其一故更明無二尊之理○資於事父以事母而愛同者言操持事父之道以事於母而恩愛同恩愛雖同而服乃有異以不敢二尊故也故以天無二日及家無二尊之等明皆歸於尊一以治理之也天無二日至二尊也此總結無二尊之理也○注食粥至必崩○正義曰沐謂將虞祭時也士虞記曰沐而不櫛故知沐謂將虞祭時虞後有事得沐浴也故雜記云非虞附練祥無沐浴云鼓素琴始存樂也於此祥日而鼓素琴始存省此樂縣而作樂在旣禫之後○

杖者何也爵也三日授子杖五日授大夫杖七日授士杖或曰擔主或曰輔病婦人童子不杖不能病也百官備百物具不言而事

行者扶而起言而后事行者杖而起身自執事而后行者面垢而已禿者不髽傴者不袒跛者不踊老病不止酒肉凡此八者以權制者也

五日七日授杖謂爲君喪也扶而起謂天子諸侯也杖而起謂大夫士也面垢而已謂庶民也髽婦人也男子免而婦人髽髽或爲免○擔是艷反又食艷反又餘塹反不言而事行者扶而起一本作扶而後起扶或作杖非垢音苟禿吐木反髽側瓜反傴紆主反袒節早反跛彼我反免音問下同○

杖者至者也○正義曰此一經明四制之中權制也○杖者何也爵也者權制之中所以先明杖者以下有不應杖而杖又有應杖而不杖皆是權宜故先舉正杖於上言爵也者杖之所設本爲扶病而以爵者有德其恩必深其病必重故杖爲爵者而設故云爵也○三日授子杖五日授大夫杖七日授士杖者上云杖者爵也遂歷敘其有爵之人故云三日授子杖五日授大夫杖七日授士杖○或曰擔主者解無爵而亦杖故記者稱或曰擔主喪服傳云杖者何爵也無爵而杖者何擔主也鄭注云擔假也尊其爲

主假之以杖○或曰輔病者喪服傳云非主而杖者何輔病也謂庶子以下雖非適子皆杖爲其輔病故也○婦人童子不杖不能病也者杖既扶病何婦人童子所以不杖爲其不能病也婦人謂未成人之婦人童子謂幼少之男子○百官備百物具不言而事行者杖而起者此謂王侯也喪具觸事委任百官不假自言而事得行故許子病深雖有扶病之杖亦不能起故又須人扶乃起也○言而后事行者杖而起者此謂大夫士既無百官百物須已言而後喪事乃行故不許極病所以杖而起不用扶也身自執事而後行者面垢而已者此謂庶人也卑無人可使但身自執事不可許病故有杖不得用但使面有塵垢之容而已也子於父母貴賤情同而病不得一故爲權制○秃者不髽髽者是婦人之大紒重喪辮麻繞髮秃者無髮故不髽也女秃不髽故男子秃亦不髽也○傴者不袒袒者露膊傴者可憎故不露也○跛者不踊踊是跳躍跛人脚蹇故不跳躍也○老病不止酒肉者孝子悲哀非病不食滋味若老及病身已羸瘠又使備禮必致滅性非制所許故酒肉養之○凡此八者以權制者也此記者結前權數也夫喪禮宜備今有此八條不可以強逼故聖人權宜制也所謂八者謂應杖不杖不應杖而杖一也扶而起二也杖而起三也面垢四也秃者五也傴者六也跛者七也老

病者八也庾蔚云父存爲母一也不數杖與不杖之利皇氏熊氏並取以爲說今案經文爲母期乃屬前經鄭於期下摠注三日而食三月而沐之事是爲母期之文乃在節制之中不得下屬此經權制之例又此經權制之科乃載杖與不杖之條此經末又摠云八者是摠此經之八事今乃不數此經杖條便是杖文虛設庾氏之說恐未爲善聽賢者擇焉○注喪大記大夫與士之喪皆云三日授子杖同主爲共親也今五日至人髽○正義曰云五日七日授杖謂爲君喪也者案云五日七日故知爲君也

始死三日不怠三月不解期悲哀三年憂恩之殺也聖人因殺以制節不怠哭不絕聲也不解不解衣而居不倦息也○解佳買反期音基之殺色戒反解衣古買反此喪之所以三年賢者不得過不肖者不得不及此喪之中庸也王者之所常行也書曰高宗諒闇三年不言善之也諒古作梁楣謂之梁闇讀如鶉鵪之鵪闇謂廬也廬有梁者所謂柱楣也○肖音笑

諒闇依注諒讀爲梁鶴烏南反下同徐又並如字案徐後音是依杜預義鄭謂卒哭之後翦屏柱楣故曰諒闇闇即廬也孔安國諒爲諒陰諒信也陰默也楣音眉鶉音淳柱知主反○王者莫不行此禮何以獨善之也曰高宗者武丁武丁者殷之賢王也繼世即位而慈良於喪當此之時殷衰而復興禮廢而復起故善之善之故載之書中而高之故謂之高宗三年之喪君不言書云高宗諒闇三年不言此之謂也然而曰言不文者謂臣下也言不文者謂喪事辨不所當共也孝經說曰言不文者指士民也○衰色追反復扶又反下文同文如字徐音問辨本又作辯同皮莧反共音恭禮斬衰之喪唯而不對齊衰之喪對而不言大功之喪言而

不議緦小功之喪議而不及樂此謂與賓客也唯而不對侑者爲之應耳言謂先發口也○唯余癸反徐以水反注同齊音咨本又作齋同音又爲于僞反應應對之應父母之喪哀冠繩纓菅屨三日而食粥三月而沐期十三月而練冠三年而祥（疏）始死至而祥○正義曰此一節覆明前經四制之中節制之事以禮之大體喪之三年爲限節之事故重明之○三日不怠者謂哭不休息○三月不解者謂不解衣而居○期悲哀者謂期之間朝夕恆哭○三年憂者謂不復朝夕哭但憂戚而已○恩之殺也者自初以降是恩漸減殺也○聖人因殺以制節者言聖人因其孝子情有減殺制爲限節此喪之中庸也者庸常也言三年之喪賢者不得過不肖者不得不及是喪之中平常行之節也○故王者之所常行也書曰高宗諒闇三年不言善之也引書者明古來王者皆三年喪諒讀曰梁闇讀曰鶕謂廬也謂既虞之後施梁而柱楣故云諒闇之中三年不言政事善之者言是古人載之於書美善之故也○王者莫不行此禮何以獨善之也記者自設問古人獨善之意曰高宗者武丁者記者還自

釋獨善高宗之意○武丁者殷之賢王也者中興殷丗故曰賢王也○故載之書中者言以古人善此高宗載於書中又尊高其行故謂之高宗○三年之喪君不言者是記者引古禮三年之喪君則不言國事○書云高宗諒闇三年不言此之謂也者此記者引書高宗所行中節是君不言之事故云此之謂也○然而曰言不文者謂臣下也者是記者既稱古禮君不言故又云言不文故記者復解云言不文者謂臣下也○禮斬衰之喪唯而不對者謂與賓客言也但稱唯而已不對其所問之事儐者爲之對不旁及也○齊衰之喪對而不言者但對其所問之事不餘言也○大功之喪言而不議者但言說他事不與人論議相問荅也○緦小功之喪議而不及樂者得議他事但不能聽及於樂也○三年而祥者此章從上以來至此皆明三年之喪制節之事○

比終茲三節者仁者可以觀其愛焉知者可以觀其理焉强者可以觀其志焉禮以治之義以正之孝子弟弟貞婦皆可得而察焉仁有恩者也理義也察猶知也○衰七回反菅音姦屨徐紀具反粥之六反期

音基比必利反知音智本或作智弟弟上音悌下如字○

【疏】

「比終」至「察焉」○正義曰：此一節更覆結居父母之喪能終此三節，可以知其德行。三節者，自初喪至沐一也，十三月練二也，三年祥三也。能終此三節者，仁者可以觀其愛，知者可以觀其理，強者可以觀其志也。言此自初遭喪至於喪畢有三者之節。○仁者可以觀其愛焉者，孝子居喪性有仁恩，則居喪思慕，可以觀其知愛親也。若不愛親，則非仁恩也。○知者可以觀其理焉者，若孝子有知，則居喪合於道理；若不合於道理，則非知也。○強者可以觀其志焉，若孝子堅強，其居喪則能守其志節；若無志節，則非堅強。○禮以治之者，言用禮以治居喪之事。義以正之者，謂用義以正居喪之禮。孝子者，謂孝順之子。○弟弟者，謂遜弟之弟。○貞婦者，謂貞節之婦。皆可得而察焉者，若能依禮合義，有仁可觀其愛，有理可觀其知，有志可見其強，則是孝子弟弟貞婦也。若無此事，則非孝子弟弟貞婦也，故云可得而察焉也。

附釋音禮記注疏卷第六十三

武寧盧氏
宣旬校定

清嘉慶二十年重栞
宋本十三經藏本校

江西南昌府學栞

禮記注疏卷六十三挍勘記　阮元撰盧宣旬摘録

## 聘義第四十八

三讓而后傳命節

上經明設介傳命致敬之義　閩監本同毛本設誤說

入廟門及升階揖讓之節　閩監本同毛本及誤皆

賔差退在西相嚮三讓　閩監本同衞氏集說同毛本嚮誤下

當階北面又揖二揖也　閩毛本同衞氏集說同監本北誤比

若賔不讓則不至於三　惠棟挍宋本同衞氏集說同閩監毛本三誤主

案聘禮賔至大門主人陳介而請事　閩監毛本同盧文弨挍云介當作擯

案司儀職兩君相見則交擯　閩監毛本同惠棟挍宋本職下有注字

及末則鄉受之反面傳而上 閩監本同毛本面作而

直賓及上擯相對而語 閩監本同毛本擯誤賓

君使士迎于竟節

北面拜貺 各本同石經同釋文出拜況云本亦作貺○按說文有況無貺

公當楣再拜聘君之恩惠 閩監毛本同岳本嘉靖本再拜下又有拜字考文引古本同案正義拜字當重

大夫郊勞○聘禮云 閩本同監本○闕毛本○作者

北面再拜拜聘君之貺 閩監本同衞氏集說同毛本拜拜誤升拜

卿爲上擯節

致饔餼 各本同石經同釋文出雍云字又作饔

賄贈饗食燕閩監毛本岳本嘉靖本衞氏集說同石經饗字空闕釋文出享云本又作饗

主國之卿爲上擯閩本同考文引宋板同監毛本國之二字倒

公側受醴閩監毛本同衞氏集說同考文引宋板受作授○按聘禮作受鄭注云將以飲賓考文非也

燕與羞淑獻無常數是也閩監毛本同考文引宋板淑作俶衞氏集說同○按聘禮正作俶即記云禽羞俶獻是也鄭彼注云古文俶作淑

故天子制諸侯節

所以愧厲之也各本同石經同釋文出以媿云本又作愧

而諸侯自爲正之具也閩監毛本同惠棟挍宋本也下有者字

案昭元年左氏傳云孟僖子閩監毛本同惠棟挍宋本元作九此本誤

以圭璋聘節

重者難可報覆復閩監毛本同衛氏集說作重者難以報

主國待客節

注云侯伯之臣不致積知者閩本同惠棟挍宋本同監毛本知誤也○按知是衍文鄭注周禮但作不致積

所以厚重禮也閩監毛本同惠棟挍宋本也下有者字

聘射之禮節

曰莫人倦各本同石經同毛本莫誤莫

將以行禮也閩監毛本同惠棟挍宋本也下有者字

子貢問於孔子曰節

縝緻也各本同釋文出致云本亦作緻○按致緻古今字

垂之如隊閩監毛本岳本嘉靖本衛氏集說同釋文出如隊石經隊作墜○按說文有隊無墜

不有隱翳閩監本岳本嘉靖本衛氏集說同毛本有誤相

廉而不劌義也閩監毛本同考文引宋板也下有者字下如隊禮也瑜不揜瑕忠也孚尹旁達信也氣如白虹天也精神見於山川地也圭璋特達德也並同

其聲之終音聲則詘然而止閩監毛本同考文引宋板音作竟衛氏集說同

所以琮則加於他物閩監毛本同惠棟挍宋本琮上有璧字此本誤脫

喪服四制第四十九

三日而食節

故更明無二尊之理閩本同惠棟挍宋本同監毛本尊誤事

云鼓素琴始存樂也閩本同惠棟挍宋本同監毛本始誤好

杖者何也節

或曰擔主閩監毛本作擔石經岳本嘉靖本衛氏集說同釋文同此本擔誤檐○按依說文當作儋从人詹聲檐假借字擔俗字

又使備禮必致滅性閩監本同衛氏集說同毛本必誤不考文引宋板不作以

不數杖與不杖之利惠棟挍宋本利作科此本科誤利閩本科字闕監毛本科作例下又此經權制之科同

始死三日不怠節

故王者之所常行也閩監毛本同惠棟挍宋本無故字

比終玆三節者節

皆可得而察焉閩監本石經岳本嘉靖本衛氏集說同考文引宋板同毛本皆可誤可以

若孝子有知閩監毛本同惠棟挍宋本無若字

強者可以觀其志焉若閩監毛本同惠棟挍宋本若作者是也

有志可見其強閩本同監毛本志誤知惠棟挍宋本亦作志見作觀是也

附釋音禮記注疏卷第六十三惠棟挍宋本禮記正義卷第七十終宋監本禮記卷第二十終經五千三百三十二字注二千九百八十一字凡二十萬一千九百九十二字經九萬七千七百五十九字注一十萬四千二百三十三字

禮記注疏卷六十三挍勘記

**圖書在版編目（CIP）數據**

阮刻禮记注疏 /（清）阮元校刻 ; 蔣鵬翔主編. -- 杭州 : 浙江大學出版社, 2015.5

ISBN 978-7-308-13488-0

Ⅰ. ①阮… Ⅱ. ①阮… ②蔣… Ⅲ. ①禮儀－中國－古代②《禮记》－注釋 Ⅳ. ① K892.9

中國版本圖書館 CIP 數據核字（2014）第 149457 號

**阮刻禮記注疏**

（清）阮元 校刻　　蔣鵬翔 主編

---

| | |
|---|---|
| **責任編輯** | 張　鴿（zgzup@zju.edu.cn） |
| **特約編輯** | 解旬靈 |
| **封面設計** | 溫華莉 |
| **出版發行** | 浙江大學出版社<br>（杭州市天目山路 148 號　郵政編碼 310007）<br>（網址：http://www.zjupress.com） |
| **排　　版** | 杭州尚文盛致文化策劃有限公司 |
| **印　　刷** | 浙江印刷集团有限公司 |
| **開　　本** | 850mm×1168mm 1/32 |
| **印　　張** | 131.875 |
| **字　　數** | 1688 千 |
| **印　　数** | 0001—1800 |
| **版 印 次** | 2015 年 5 月第 1 版　2015 年 5 月第 1 次印刷 |
| **書　　號** | ISBN 978-7-308-13488-0 |
| **定　　價** | 700.00 元（全十四册） |

---

傳古樓景印